GUIDE DES ÉLIXIRS DE CRISTAUX

Ange-Jacques SÉNO
Sylvie CROCHET

GUIDE DES ÉLIXIRS DE CRISTAUX

AMBRE
ÉDITIONS

ISBN 978-2-84639-084-2

SOMMAIRE

Troisième Partie :
Élaboration et Mode d'Action des Élixirs de Cristaux

Quatrième Partie :
L'Ayurvéda et les Élixirs de Cristaux

Cinquième Partie : L'Énergétique Chinoise et les Élixirs de Cristaux

Sixième Partie : Le Système Immunitaire

Septième Partie : Les Différentes Actions des Élixirs de Cristaux

Huitième Partie : Les Alliés des Élixirs de Cristaux

Qui sommes nous ?

Ange-Jacques Séno est bio énergéticien (décédé en 2008).
Il est l'auteur de 5 livres sur les différentes actions de la lithothérapie. Il collabore avec des chercheurs, des médecins, des kinésithérapeutes, des ostéopathes et autres thérapeutes qui ont évolué vers des thérapies holistiques. Il assure des formations auprès de nombreux thérapeutes.

Ouvrages publiés :
B.A.-B.A. de la Lithothérapie, Ed. Pardès, 2006.
Manuel de Lithothérapie, Ed. Pardès, 2004.
Manuel de Géobiologie (Géobiologie et cristaux), Ed. Pardès, 2005.
B.A.-B.A. Astrologie Énergétique (Planètes et cristaux), Ed Pardès, 2003.
Numérologie Énergétique (Nombres et cristaux), Ed. Pardès, 2003.

Sylvie Crochet est biologiste.
Elle s'intéresse aux énergies vibratoires et s'est spécialisée dans la détection des ondes avec l'Antenne de Lecher, l'appareil photo Kirlian, le testeur d'énergie Géobiolis.
Elle supervise les parties scientifiques des livres de Ange-Jacques Séno.

Elle a collaboré pendant 5 ans avec le Pr. Beljanski (père de la biomédecine) et a cosigné avec lui 7 publications scientifiques dans des revues internationales. Elle a participé à des recherches sur l'action de l'appareil MORA (appareil de biorésonnance) sur des cultures cellulaires qui ont abouti à des publications scientifiques en collaboration avec J-M Danze, spécialiste du MORA et de biophysique.

Publications scientifiques :

M. Beljanski, S. Crochet, M.S. Beljanski, " PB100: A Potent and Selective Inhibitor of Human BCNU Resistant Glioblastoma Cell Multiplication ". Anticancer Research, vol.13, n°6A, Nov. Dec. 1993, pp. 2301-2308.

M. Beljanski, S. Crochet, "Differential effects of ferritin, calcium, zinc and gallic acid on in vitro proliferation of human glioblastoma cells and normal astrocytes ". J. Lab. Clin. Med. 123:547-555, 1994.

M. Beljanski, S. Crochet, "The selective anticancer agent PB-100 inhibits interleukin-6 induced enhancement of glioblastoma cell proliferation in vitro ". International Journal of Oncology, 5:873-879, 1994.

M. Beljanski, S. Crochet, "Selective inhibitor (PB-100) of human glioblastoma cell multiplication." Journal of Neuro-Oncology,Vol. 21, N°1, p. 62, 1994.

M. Beljanski, S. Crochet, "The anticancer agent PB-100 concentrates in the nucleus and nucleoli of human glioblastoma cells but does not enter normal astrocytes ". International Journal of Oncology 7:81-85, 1995.

M. Beljanski, S. Crochet, "The selective anticancer agents PB-100 and BG-8 are active against human melanoma cells, but do not affect non malignant fibroblasts ". International Journal of Oncology 8:1143-1148, 1996.

M. Beljanski, S. Crochet, "Mitogenic Effect of Several Interleukins, Neuromediators and Hormones on Human Glioblastoma Cells, and its Inhibition by the Selective Anticancer Agent PB-100." Deutsche Zeitschrift für Onkologie, 28, 1, 1996, pp. 14-22.

Mainguy, J.C., Crochet, S., Danze, J.M. «Entwicklung neoplastischer Zellkulturen unter dem Einfluss elektromagnetischer Felder» Erfahrungs Heilkunde, 7, July 1997, pp.398-404. et Zeitschrift für Onkologie/ Journal of Oncology, 29, 4, 1997, pp. 107-112.

INTRODUCTION

La thérapie par les élixirs de cristaux est généralement intégrée à un programme général de promotion de la santé. Elle s'adresse aussi bien au professionnel de santé qu'au particulier.

Le guide des élixirs de cristaux traite tout particulièrement de l'usage de 25 élixirs et 7 huiles de cristaux qui ont fait la preuve de leur efficacité. Gérer son capital santé est l'affaire de tous. Les élixirs de cristaux sont des substances vibratoires qui agissent en tant que catalyseurs du bien-être physique et du mental.

Les élixirs de cristaux sont des remèdes vibratoires purs, ils permettent de traiter avec succès des désordres émotionnels, physiques et éthériques. Par leurs larges spectres d'influence, ils sont une thérapie holistique à part entière. Utilisés par les plus grandes civilisations anciennes et étudiés ces dernières décennies par des scientifiques qui ont un esprit différent dans l'art de venir en aide aux gens, les élixirs de cristaux font partis des substances les plus précieuses que la nature puisse nous offrir. Les élixirs n'ont pas seulement un effet sur le corps physique, ils agissent sur les différents corps auriques, les chakras, les méridiens, et sur notre état psycho émotionnel.

Les cristaux ne sont pas des corps inertes. Malgré leur apparence de stabilité et d'immuabilité, les pierres sont comme tous les corps de l'univers : elles se caractérisent par des constantes physiques comme la masse, la chaleur, la radioactivité, l'électromagnétisme… Ce sont aussi, comme tous les éléments de la nature, des centrales énergétiques faites d'atomes et d'électrons. Et, c'est grâce aux électrons qu'elles échangent des ions avec les corps voisins. Les échanges ioniques ont été étudiés par de nombreux scientifiques, et leurs constats après de nombreuses études, sont que les pierres contiennent des éléments chimiques qui agissent sur le corps humain.

Les recherches de certains scientifiques et notamment du prix Nobel, Louis de Broglie, sur la mécanique ondulatoire confirment que les énergies des cristaux, utilisées depuis des millénaires, ont une réelle efficacité sur notre système énergétique.
D'après de nombreuses recherches sur la mécanique ondulatoire, chaque corps peut ainsi être vu sous l'angle de la matière ou de sa longueur d'onde. Tous les éléments d'une composition chimique comme celle des cristaux ont leur fonction d'onde et c'est cette dernière qui transporte l'énergie des éléments. C'est de cette manière que l'élixir de cristal va échanger avec le système énergétique l'information qu'il recèle. Pour diffuser cette information, les élixirs empruntent les canaux ioniques qui sont les «clés» essentielles de cette thérapie.

Les canaux ioniques sont des pores membranaires qui contrôlent le passage de charges électriques entre l'extérieur et l'intérieur de la cellule. Les canaux réagissent ainsi à l'activité électrique sur laquelle reposent de nombreuses fonctions de l'organisme. Le rôle des canaux ioniques est d'ouvrir et de fermer les pores cellulaires en vue de modifier le milieu interne de la cellule.

Par l'intermédiaire de ces canaux, les cellules reçoivent les ondes de l'élixir de cristal qui vont harmoniser les ondes perturbées de la cellule. C'est donc par une action électrique à partir des éléments chimiques d'un cristal que celui-ci a un effet sur la santé.
Les cristaux ont des ondes vibratoires différentes qui correspondent aux ondes vibratoires de certains organes ou points énergétiques (méridiens, chakras) du corps humain. La démarche de la thérapie par les élixirs de cristaux

est de diffuser au système énergétique des ondes vibratoires spécifiques afin de remédier à certains dysfonctionnements énergétiques. C'est en fait une oligothérapie énergétique. Les élixirs agissent par rayonnement d'ondes.

L'élixir de cristal est un régénérateur cellulaire, il agit par rayonnement d'onde jusqu'au cœur de la cellule, celui-ci étant principalement constitué de silicium. La rencontre énergétique des vibrations de l'élixir de cristal avec la cellule se réalise par effet de résonance.

L'homme provient du sol et y reste attaché. Il a été, est, et sera toujours un univers minéral, c'est-à-dire un équilibre de matières, une harmonie de substances. Que cette harmonie soit faussée, qu'il y ait dissonance, rupture d'équilibre, et l'esprit en subira, à proportion, l'incidence. On mesure donc toute l'importance des minéraux, non seulement au plan de l'intégrité corporelle, somatique, mais à celui de l'être, du composé humain. Tous les minéraux ont, à cet égard, un rôle indispensable. Ceux qui sont en quantité importante dans notre organisme, le calcium par exemple, mais encore et surtout les métaux et métalloïdes identiques à ceux des pierres qui se trouvent aussi en quantités infimes dans notre corps.

À la suite des travaux du chimiste Gabriel Bertrand, l'attention des savants fut attirée sur cette branche capitale de la chimie biologique, dont certains taxèrent ces découvertes de vue de l'esprit, sans portée pratique en raison de la dose impondérable de ces minéraux dans les tissus. Mais on sait mieux aujourd'hui toute l'importance de l'impondérable, de l'infiniment petit.
Toutefois, en dépit des efforts de certains chercheurs et thérapeutes, la notion de l'équilibre minéral ne pénètre que très lentement dans le grand public. Son attention n'est pas suffisamment attirée sur les conséquences fâcheuses et souvent désastreuses du déséquilibre minéral.

La thérapie par les élixirs de cristaux est essentiellement une thérapie de terrain, c'est-à-dire ne s'attaquant pas aux symptômes, comme le fait par exemple un anti-inflammatoire, mais aux causes profondes. C'est au niveau des échanges cellulaires que les élixirs de cristaux agissent en aidant l'organisme à rétablir l'équilibre des échanges, et du même coup à renforcer les défenses naturelles. Ces élixirs sont aussi des porteurs d'informations destinées à notre sphère émotionnelle. **Un état de pensée négatif crée en nous un dysfonctionnement énergétique que le message de l'élixir de cristal vient rétablir en agissant sur notre psychisme.**

La force des élixirs de cristaux vient de leur mode de préparation qui obéit à des critères alchimiques de cohésion. Leur fabrication est à l'échelle humaine ; seul un travail sur de petites quantités permet de respecter tous les critères subtils qui permettent l'élaboration d'un véritable élixir.

La thérapie par les élixirs de cristaux agit en synergie avec les huiles de cristaux. Dans le monde entier, chez les peuples de tous les continents, le massage est à l'honneur, synonyme d'apaisement et de stimulation du corps. La peau est l'organe majeur du toucher qui permet des échanges d'ordre psycho-affectif. Par le massage, elle reçoit une «nourriture affective».

L'équilibrage énergétique avec les huiles et les élixirs de cristaux consiste à faire circuler l'énergie pour harmoniser les centres d'énergie vitale, les chakras, les méridiens, afin de rééquilibrer le corps et l'esprit. Les 7 huiles de cristaux vont dissoudre dans le corps les blocages responsables d'un grand nombre de problèmes organiques, psychologiques, présents ou anciens et pourront ainsi prévenir les maladies. L'équilibrage énergétique par les huiles de cristaux aide à évacuer le stress, les émotions refoulées et profondes. La synergie des élixirs et des huiles de cristaux est une thérapie «holistique» à part entière.

Les élixirs et les huiles de cristaux agissent sur trois plans : le physique, le mental, le spirituel. En fonction de nos besoins, de nos faiblesses et de nos désirs, chacun d'entre eux peut répondre à nos attentes.

Tests énergétiques des élixirs et huiles de cristaux

Tous nos élixirs et huiles de cristaux ont été testés afin de prouver leurs propriétés énergétiques. Les différents tests ont été réalisés avec des appareils de bioénergie, avant et après une cure d'élixirs de cristaux ou des massages avec les huiles de cristaux. Les différents appareils sont :

- La caméra et la photo Kirlian.
- Testeur d'énergie vitale et du fonctionnement des méridiens.
- Testeur de la biosphère (corps énergétique).

Les élixirs de cristaux et les huiles de cristaux ne sont en aucun cas des médicaments, ce sont des substances vibratoires qui sont des alliées importantes pour les thérapies conventionnelles ou alternatives de santé.

*

PREMIÈRE PARTIE

LES CIVILISATIONS ANCIENNES ET LA LITHOTHÉRAPIE

Les pierres et les cristaux ont fournit très tôt des moyens médicamenteux hautement appréciés par toutes les civilisations anciennes. Un bref historique sur l'utilisation thérapeutique des minéraux nous le démontre. L'Orient a été le berceau des premières civilisations, il est donc normal que les habitants de certains pays comme l'Inde ou la Chine, aient été les premiers à enseigner les vertus thérapeutiques des pierres.

En Inde : on appelait cette connaissance *Ratnapariska* et on trouve mention comme art honorifique jusque dans l'ancien *Hame Sutra*. Pour les Indiens, toutes les pierres ont des propriétés électriques, excepté le corail et la perle. Elles absorbent et transmettent les rayons de lumière, les charges électriques et la fréquence de couleur. Elles libèrent les vibrations positives et absorbent les vibrations négatives. Les thérapeutes de l'Inde considéraient les pierres et les cristaux comme des entrepôts d'énergie et ils les utilisaient dans la fabrication d'oxydes, de poudres et d'élixirs pour soigner diverses maladies.

En Chine : les vertus des différents cristaux ont été transmis le plus souvent par la tradition orale, car Confucius a toujours tenté d'éloigner, tout au moins officiellement, tout ouvrage traitant de cette matière. On trouve néanmoins certaines informations éparpillées dans les livres de toutes les époques et de toutes les dynasties du Céleste Empire. La médecine chinoise de la haute époque possédait de nombreuses drogues minérales sous forme de poudres et d'oxydes utilisés dans le réglage du Yin et du Yang et pour les différents méridiens.

• **En Grèce** : Théophraste, dans son traité *De lapidibus*, écrit autour de 315 av. J.-C., s'attarde en particulier sur les pierres précieuses utilisées dans la glyptique grecque de la période classique. Théophraste codifie les théories d'Hippocrate et de Platon relatives au règne minéral et établit les premières «classifications». Il distingue les «pierres mâles» des «pierres femelles» et crée ainsi sa théorie de la genèse et de la reproduction des pierres. Il attribua aux pierres certaines propriétés dont les plus typiques sont essentiellement des vertus médicinales et aussi magiques. Le lapidaire *Materia medica* de Dioscoride, qui représente la transition de mentalité classique occidentale à la mentalité alexandrine, cite 200 pierres utiles. Celui de Pline l'Ancien mélange les croyances d'origine orientale et occidentale.

• **Dans les pays arabes** : le premier livre fut réalisé au VIIIe siècle par Jabir Ben Hayyan et se nommait *Le livre des pierres*. Ensuite, au XIIe siècle, Ibn Mansur classifia les pierres selon leur poids spécifique, leur dureté et décrit les variétés et leur provenance. Un autre traité *Fleur de pensées sur les pierres précieuses* écrit en 1242 par Ahmeb Ben Jussuf Al Teifash, constitue un ouvrage très intéressant sur les pierres précieuses proposées à cette époque sur les marchés de gemmes. Les Arabes utilisaient dans leur pharmacopée, comme les Indiens, des pierres réduites en poudre. C'est le cas de la malachite, des scories de cuivre, de l'albâtre et du lapis-lazuli.

• **En France** : Marbode, évêque de Rennes (1067-1081). Son traité est remarquable en ce sens qu'écrit à l'origine en hexamètres latins. Sa renommée fut telle qu'il sera ensuite traduit en provençal, en français, en italien, en espagnol, en irlandais, en danois et en hébreu. Son traité sur l'application de 60 pierres a servi de manuel de base dans toutes les écoles de pharmacie jusqu'à la renaissance.

• **En Allemagne** : Hildegarde de Bingen (1098-1179) célèbre abbesse et savante : ses préceptes curatifs consignés dans son livre *Physica* avaient drainé une vaste adhésion du public. Elle avait la même conception que les sages de l'Inde, les Chinois et les Arabes sur les origines des pierres, leurs pouvoirs, leurs actions pour différents problèmes physiques ou psychologiques. Elle faisait des élixirs de minéraux ou plutôt de l'eau de gemmes en mettant tout simplement une pierre dans de l'eau et en l'exposant aux rayons du soleil ou de la lune. Elle conseillait à ses patients d'en boire pendant sept jours, pour bénéficier pleinement des énergies cristallines. Quelle prescience de la mémoire de l'eau et de sa puissance vibratoire ! Sa conception rejoint celle de Jacques Benveniste, scientifique qui a un peu bousculé certains dogmes en médecine avec sa découverte sur la mémoire de l'eau (la capacité vibratoire de l'eau).

• **Hahnemann** (1755-1843) : inventeur de l'homéopathie. Il a mis au point deux très grands remèdes homéopathiques issu des minéraux : Graphite et Antimonium Crudum. Graphite est une forme cristallisée de carbone (diamant) et Antimonium, appelé en minéralogie, stibine. Ces deux substances sont encore prescrites de nos jours par de nombreux médecins homéopathes.

• **Steiner** (1861-1925) : l'école médicale anthroposophique issue des travaux de Rudolf Steiner utilise plus de 80 minéraux et notamment de l'onyx, de l'améthyste, du diamant, de l'émeraude. Les anthroposophes ont aussi établit des correspondances très précises entre les différents organes du corps humain et les différents métaux issus des minéraux.

Le cristal : jumeau énergétique de l'homme

Le corps physique et les corps auriques possèdent des propriétés semblables à celles du quartz, une structure cristalline et un courant électromagnétique. La force vitale et la conscience utilisent ces propriétés pour entrer dans notre corps physique et le stimuler. Comme nous, les couleurs, les sons, les plantes, les animaux, les minéraux ont leurs propres forces vitales et propriétés particulières.

Les élixirs de cristaux : remèdes vibrationnels

La force vitale des remèdes vibrationnels entre dans les divers corps auriques, les chakras, la peau par les nadis, les méridiens. Par résonance, il y a une harmonisation entre les propriétés cristallines dans le corps physique et les corps auriques, et ceux des remèdes vibrationnels comme les élixirs de cristaux.

Quand des remèdes vibrationnels sont amplifiés, leurs forces atteignent des parties du corps en déséquilibre plus rapidement, et dans un état plus stable. Les remèdes alors peuvent nettoyer l'aura et les corps auriques, ainsi ces déséquilibres ne contribueront plus à la maladie.

L'effet curatif des remèdes vibrationnels travaille sur les différents corps : physique, émotif, mental et spirituel.

Le cristal de roche et les recherches scientifiques

La NASA a découvert les effets des cristaux de quartz en les testant sur le bien-être des astronautes, au cours de missions difficiles. Les chercheurs se sont ainsi rendus compte de la faculté qu'ils ont de réduire certains dysfonctionnements psychophysiques. Ces recherches ont ensuite été développées jusqu'à la création de combinaisons de cristaux et de couleurs pouvant être appliquées comme moyens thérapeutiques contre différents maux.

D'autres recherches passées malheureusement sous silence ont démontrés les vertus du cristal de roche contre les troubles de la calcification, la leucémie, la maladie de Parkinson, l'anémie de Biermer et contre les troubles de la personnalité après transfusion sanguine, car il régénère le sang, stimule les cristaux biologiques, stimule la glande pituitaire, amplifie tous les processus de guérison. Il élimine le programme de la personnalité du donneur après une transfusion sanguine. Il aligne les corps auriques.

Les usages du cristal de roche sont innombrables, car les vibrations de sa couleur blanche déploient toute l'étendue du spectre chromatique. L'oxyde de silicium qui le compose est l'un des minéraux de base de notre sol. L'oxyde de silicium figure également dans la structure moléculaire de l'être humain. Les quartz représentent la quintessence de l'évolution. Leurs six faces symbolisent les six chakras et leurs extrémités pyramidales correspondent au chakra du sommet, en communication avec l'infini.

Les élixirs de cristaux permettent de protéger et de soutenir le système énergétique dans son ensemble.

Les dernières découvertes

Les dernières découvertes contemporaines confirment le savoir de nos ancêtres et démontrent que les minéraux sont bien des ensembles d'éléments très complexes, qui peuvent libérer certains de leurs composants chimiques, par simple contact, avec un autre ensemble chimique : gazeux, air, liquide, eau, autre minéral ou organique. Les propriétés des élixirs de cristaux vont donc agir sur les fonctions du corps humain. C'est donc simplement, avec des réactions physiques et chimiques, que le minéral va agir et modifier la composition et le fonctionnement de l'être humain.
Tous les progrès de la biochimie et de la physique moléculaire ont mis en évidence des réactions microscopiques fortes utiles à la vie.

*

DEUXIÈME PARTIE

NOTIONS SCIENTIFIQUES IMPORTANTES

I. LA TERRE

1. Le magnétisme de la Terre : une source de la nature, une source d'équilibre

Toute cellule vivante est régie par son environnement électromagnétique... en bien ou en mal !

Pour schématiser : à la question "Qui a besoin de magnétisme ?" La réponse est : tout le monde ! Depuis ces 30 dernières années, cette force s'est considérablement diminuée, entraînant chez l'homme des carences magnétiques.

Si la Terre émettait, il y a 6000 ans une force magnétique de 4 Gauss (unité de mesure des champs magnétique), aujourd'hui cette force est tombée à 0,7 Gauss, soit une perte de 90% !

La très officielle NASA, en 1996, annonçait qu'à ce rythme, l'émission magnétique tomberait à 0 en l'an 2800, rendant alors toute forme de vie impossible.

Nous sommes coupés de ce magnétisme terrestre en vivant et/en travaillant dans des villes et en passant aussi énormément de temps dans des véhicu-

les… Sans parler des nombreuses causes de perturbations : substances radioactives, électriques et informatiques principales responsables du fameux «syndrome de déficience magnétique».
Soumis à ces perturbations, notre organisme est en carence permanente.

L'élixir de magnétite est un allié indispensable pour traiter les principaux symptômes de cette carence : insomnie, maux de tête, problèmes immunitaires, asthme, douleurs articulaires et musculaires sont toujours améliorés et dans la plupart des cas complètement guéris !

De nombreuses études scientifiques le confirment et la NASA le prouve : depuis qu'elle reconstitue un champ magnétique artificiel dans ses navettes, les astronautes reviennent de leurs missions dans de bien meilleures conditions.

L'élixir de magnétite va donc rendre aux cellules leur magnétisme naturel. En retrouvant une polarité équilibrée, la membrane cellulaire élimine plus facilement les déchets tout en assimilant mieux les nutriments dont elle a besoin.

Ces mêmes effets bénéfiques sont nombreux :

- le drainage et élimination des toxines sont activés dès les premiers jours d'utilisation des élixirs de cristaux et des cristaux,
- la réduction de la fatigue : l'organisme n'a plus à lutter contre cet excès de toxines et de déchets, la digestion est plus facile,
- le soulagement des problèmes inflammatoires,
- l'amélioration du sommeil,
- l'action importante contre le stress.

Tout le monde devrait faire des cures régulières d'élixir de magnétite afin de se recharger en magnétisme, cure de 21 jours tous les 3 mois. Vous pouvez aussi l'utiliser en association avec un autre élixir pour amplifier ses effets. L'élixir de magnétite est utilisé en Suisse dans des cliniques holistiques de régénération cellulaire.

2. Les changements vibratoires de la Terre

En Afrique, en Inde, en Chine et dans toutes les traditions, les enseignements concordent pour définir la période actuelle comme un grand tournant dans l'histoire de l'humanité. Le niveau vibratoire de la Terre est en constante augmentation depuis quelques années, et cela ne s'est pas produit depuis 26 000 ans ! Tout cela a bien sûr été scientifiquement analysé.

Notre planète se comporte comme un immense circuit électrique. Il existe une sorte de cavité électromagnétique située entre la Terre et la dernière couche de l'ionosphère, à environ 55 km de distance de la Terre. Les propriétés résonantes de cette cavité magnétique terrestre furent découvertes par le physicien allemand W.O. Schumann entre 1952 et 1957, et ce sont elles qui permettent de mesurer la fréquence ou taux vibratoire moyen de notre planète.

La Résonance Schumann est présentée par les géophysiciens actuels comme le battement de cœur de la Terre. Elle était de 7,8 Hz depuis des milliers d'années. Mais, à partir de 1980, cette fréquence s'est accélérée, d'abord lentement, puis de plus en plus vite à partir de 1997, au point d'atteindre aujourd'hui 12 Hz. L'accélération du taux vibratoire de notre planète fait que : 24 heures de durée de vie correspondent en fait maintenant à seulement 16 heures réelles, en terme de temps terrestre. C'est comme si le temps s'était brutalement accéléré, emballé !

L'accélération vibratoire de la Terre liée à la résonance de Schuman se traduit par la perte progressive du magnétisme de notre planète.
L'homme subit comme toutes les créatures qui peuplent la surface de la Terre les effets de ces changements. Cela se traduit par des symptômes physiques tels que :

- de grandes fatigues,
- des problèmes inflammatoires, des crampes musculaires,
- des maux de têtes, des migraines,

- des sensations électriques dans les membres et dans la colonne vertébrale,
- des troubles nerveux et psychologiques,
- des symptômes de grippe,
- des cauchemars,
- l'apparition de nouvelles maladies, notamment immunitaires.

Tels sont les principaux effets physiques induits par ces nouvelles vibrations.

Mais, c'est au niveau spirituel que l'expérience est appelée à devenir la plus extraordinaire. Notre intuition sous l'effet de ce changement vibratoire se développe plus rapidement, ainsi que les capacités qui en dérivent. Notre 3e œil est donc très stimulé par ce changement vibratoire.

L'augmentation vibratoire de la terre depuis 1980 n'est pas étrangère à l'engouement que les gens ont pour les cristaux depuis quelque temps. Ce changement vibratoire de terre a en effet augmenté significativement les taux vibratoires des cristaux et nous assistons donc actuellement à un éveil important des énergies cristallines.

La prise régulière d'élixir de cristal de roche permet :
- de vivre ces transitions vibratoires sans perturbations du système énergétique,
- d'harmoniser le centre des perceptions (plexus du 3è œil) afin d'être réceptif aux nouvelles énergies.

Les mutations vibratoires et l'échelle de Bovis

L'échelle de Bovis a été crée par le physicien Alfred Bovis (1871-1947) en collaboration avec l'ingénieur Simoneton. Elle fonctionne en unités Bovis (U.B.) qui correspondent aux unités Angstrom. Un Å = un dix millionième de millimètre.
Sur la règle de Bovis, la référence de base était, en 1947, de 6500 unités,

mesure moyenne de l'être humain en bonne santé. Mais les niveaux vibratoires de la terre ayant considérablement augmenté ces dernières décennies, il a été nécessaire de recalculer les niveaux vibratoires.
Ainsi, nous avons constaté que la vibration de l'onde santé se trouvait en 1985 à 8500 unités et qu'en l'an 2006 elle se situe à plus de 25.000 unités. L'onde santé a donc été multipliée par trois.

Il faut donc retenir que toute substance (aliments, médicaments, compléments alimentaires, eau) à moins de 25.000 unités tend à faire baisser le potentiel énergétique.

Nos élixirs ont un taux vibratoire supérieur à 25 000 unités. Ils assurent ainsi un gain d'énergie pour la santé du corps et de l'esprit.

II. QU'EST-CE QU'UN CRISTAL ?

La réponse à la question “Qu'est-ce qu'un cristal ?” dépend beaucoup de la personne à laquelle vous la posez.

• **Pour un géologue** : les cristaux, par la diversité de leurs formes, tailles et compositions chimiques, révèlent une surprenante symétrie atomique. Les molécules constituant les jeunes couches minérales d'un cristal en formation s'empilent sur la matrice originelle en unités identiques et ordonnées. On considère généralement que les cristaux constituent le niveau le plus élevé de la matière dense. Le cristal de roche, qui est le cristal le plus transparent, fait partie de la famille des quartz et on le trouve principalement dans les sous-sols du Brésil, de l'Arkansas (USA) ou de Madagascar. Sa composition chimique est le dioxyde de silice (SiO_2) et sa dureté est de 7.

• **Pour un joaillier** : les cristaux les plus recherchés sont les gemmes ; en effet, leur beauté alliée à leur dureté leur confère des atouts exceptionnels pour devenir des parures fort onéreuses. Toutes les civilisations anciennes avaient des pierres et des cristaux sous forme de magnifiques parures.

• **Pour un historien** : les cristaux sont un moyen d'interpréter notre héritage culturel. Les joyaux découverts dans les sépultures royales et les objets façonnés par la main humaine provenant d'exhumations effectuées dans les demeures antiques, traduisent le degré variable de l'attrait exercé par les gemmes depuis les temps anciens. Le cristal de roche est toujours tenu aujourd'hui comme l'une des pierres les plus sacrées qui soient. Il est l'essence même des rochers, il capte la lumière et réfléchit l'arc-en-ciel.

• **Pour l'industrie** : le cristal joue un rôle essentiel en technologie. Il est la pièce maîtresse de tout système piézo-électrique. Des forêts à pointe diamantée aux "puces" de silicium synthétique utilisées comme composants informatiques, le cristal est indispensable dans l'industrie. Sans le cristal de quartz, vous ne pourriez plus allumer ou éteindre votre téléviseur ni le télécommander à distance, ni utiliser votre ordinateur, ni votre téléphone portable. Les propriétés vibratoires des minéraux ne sont plus à prouver. Le quartz fut utilisé dans l'horlogerie dès 1933. Il joue le rôle d'oscillateur piézo-électrique des montres et horloges qui en sont équipées. Sa fréquence est de 32.768 Hz, soit 16.384 oscillations par seconde.

• **Pour un praticien de thérapie alternative** : un cristal est un instrument qui permet d'orienter, concentrer et amplifier l'énergie curative. Les médecines ayurvédique, tibétaine et chinoise ont utilisé depuis des millénaires les vertus des minéraux. Le cristal de roche est le symbole de l'énergie radiante et de la Grande Lumière Blanche. Il agit comme un catalyseur, un conducteur d'énergie. Par ses vibrations, il a le pouvoir d'harmoniser les centres d'énergie et les méridiens d'acupuncture. Le cristal est à la fois émetteur et récepteur, il s'accorde avec les vibrations humaines grâce à l'affinité qu'il a avec le corps et l'esprit de l'homme.

• La physique quantique et le cristal

Aujourd'hui, on sait que l'électromagnétisme est une forme d'énergie qui est à la base de la biochimie. Par ailleurs, il a fallu que la physique quantique voie le jour pour démontrer que ce que nous percevons comme de la matière "solide" est en réalité constituée à 99, 9999 % d'un espace vide baigné d'énergie. Comprendre que toute matière est énergie rend plus aisée l'intelligence du fait que l'homme peut entrer en interaction avec le cristal.

• La fréquence du cristal

Le cristal possède une fréquence qui est en synchronicité avec la terre, et avec nous, êtres humains. En effet, le cristal de roche génère un angle de force dont la valeur 51°31' est semblable au noyau d'une cellule vivante à savoir notre ADN. Le cristal est un support vibratoire, de par ses propriétés il est appelé à agir sur le champ magnétique de l'être humain, l'aura, la conscience et la mémoire cellulaire.

• Nous sommes «cristal»

Les connivences de l'homme et des cristaux sont indéniables, les vibrations atomiques du cristal correspondent à celle de la matière qui compose notre corps. L'interaction entre les atomes de silicium (le cristal) et le noyau des cellules génère l'un et l'autre un force pyramidée. À l'intérieur de ce noyau existe un organe vibratoire, le centriole, qui possède en son centre du dioxyde de silicium, support physique de cette vibration. Les énergies cristallines exercent une action incontestable sur les cellules et sur l'ensemble du système énergétique. Les vibrations atomiques du cristal créent leur forme, de même que la pensée crée, elle aussi, des formes pensées qui vibrent en syntonie avec les énergies du cristal.

Les cristaux nous transmettent leurs énergies pour rétablir l'équilibre ionique (ions positifs et ions négatifs). La rencontre des énergies minérales et de celles de l'homme est évidente et scientifiquement reconnue.

III. LA CELLULE

1. Le noyau cristallin des cellules

La thérapie par les élixirs de cristaux est une thérapie vibratoire qui agit directement au niveau cellulaire. L'être humain est formé de 600 milliards de cellules.

Le monde cellulaire est un monde très complexe. Le noyau de chaque cellule contient plus de dix milliards de gènes qui ont tous une fonction extrêmement bien définie et précise.

Il existe au cœur de chaque cellule un centriole qui a, parmi ses attributions, celle d'être à l'origine de la division cellulaire et donc de la multiplication de l'ADN. Le centriole est donc le chef d'orchestre du bon fonctionnement de la cellule.

Le noyau du centriole est composé de silice (cristal de roche). Ce qui fait pour chaque personne environ 600 milliards de cristaux.

Le mode vibratoire de la cellule est défini par le centriole et ses mouvements pendulaires. Le noyau de silice du centriole est sensible à certaines ondes électromagnétiques qu'il reconnaît et il réagit immédiatement par une modification oscillatoire.

Les multiples pollutions électromagnétiques, ultra basse fréquence et d'autres que nous subissons perturbent grandement le fonctionnement cellulaire. La perturbation cellulaire peut provoquer des problèmes de santé importants au niveau du physique ou du mental.

Des recherches Russes, notamment, ont démontré que le corps éthérique vibrait en résonance avec tous les noyaux cellulaires et qu'il réagissait simultanément avec les vibrations des énergies cristallines.

Il est important d'avoir recours à certains élixirs de cristaux afin de nous protéger et conserver un équilibre parfait au niveau cellulaire. Les élixirs de cristaux sont tous des grands alliés pour le bon fonctionnement cellulaire.

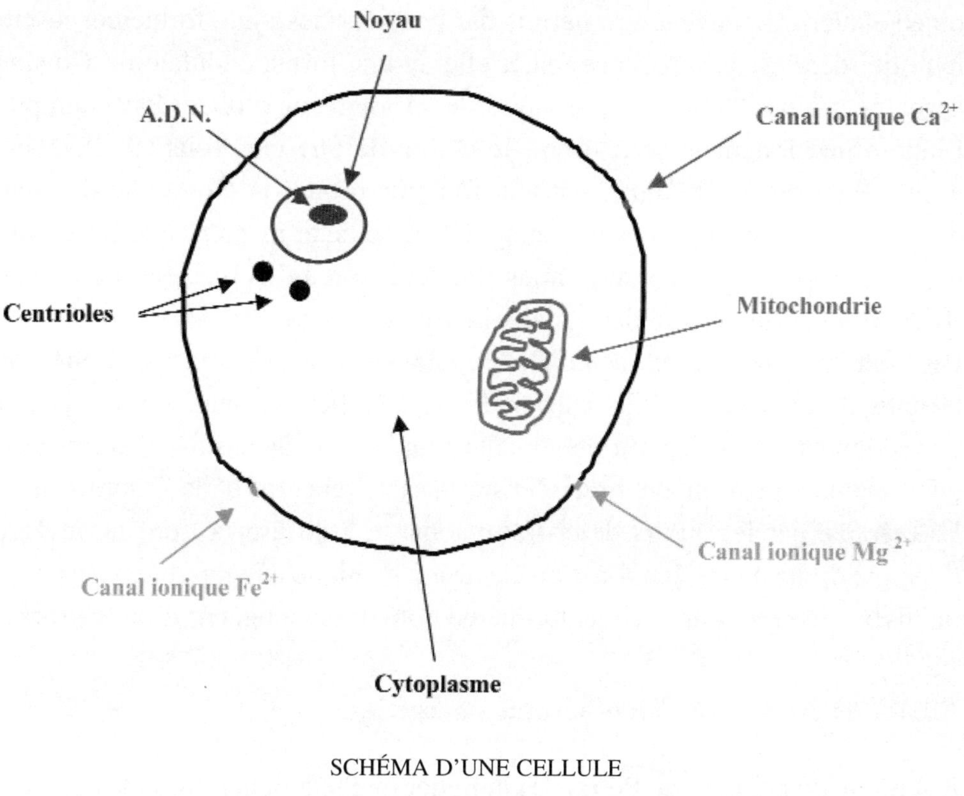

SCHÉMA D'UNE CELLULE

- Le centriole a du silicium en son centre. Il est toujours par 2 et près du noyau. Il sert à la division cellulaire et donc à la multiplication de l'A.D.N.

- Les canaux ioniques sont spécifiques de chaque oligo-élément. Le canal s'ouvre quand la cellule a besoin de cet élément, il est fermé quand la cellule n'a pas besoin de cet élément.

2. Les canaux ioniques

De l'élixir de cristal à l'homme par les canaux ioniques

Depuis les travaux du Prix Nobel français, Louis de Broglie, sur la mécanique ondulatoire, branche de la mécanique quantique, il est admis que tous les objets matériels peuvent être définis par deux formes : une forme corpusculaire qui décrit leur apparence matérielle, et une forme ondulatoire. Chaque corps peut ainsi être vu sous l'angle de sa longueur d'onde. Par exemple, l'iode à une longueur de 214 cm, le chlore de 565 cm. Tous les éléments d'une composition chimique ont leur fonction d'onde et c'est cette dernière qui transporte l'énergie des éléments. C'est de cette manière que les élixirs de cristaux vont échanger avec nous l'information qu'ils recèlent. Pour cela, ils empruntent le chemin des canaux ioniques.

Par l'intermédiaire de ces canaux, les cellules reçoivent les ondes de l'élixir de cristal qui viennent normaliser les ondes de la cellule vivante. C'est donc par une action électrique à partir d'éléments chimiques contenus dans les cristaux, que les élixirs peuvent avoir un effet sur la santé du corps et de l'esprit.

La thérapie par les élixirs de cristaux consiste à diffuser à l'organe malade l'énergie d'une pierre dont l'action électromagnétique ou vibratoire vise à harmoniser l'énergie d'un organe, lui-même doté d'une longueur d'onde propre.

Élixirs de cristaux = Oligothérapie énergétique

La chimie de la pierre de l'élixir va indiquer quelle longueur d'onde elle peut émettre et, donc quel organe, composé de ces mêmes éléments, elle peut atteindre. Les élixirs de cristaux fournissent donc à l'organe malade l'élément chimique dont il a besoin mais par voie énergétique, c'est-à-dire par rayonnement des ondes.

Par exemple : la médication classique pour soulager les états inflammatoires consiste à administrer du cuivre. Dans la thérapie par les élixirs de cristaux on utilisera l'élixir de malachite, pierre riche en cuivre.

Les élixirs de cristaux émettent des ondes vibratoires qui ne peuvent atteindre que les cibles qui vibrent sur la même longueur d'onde. Les ondes ne peuvent s'égarer et toucher des organes ou des cellules non ciblées. Cette caractéristique permet de dire que la thérapie par les élixirs de cristaux est une pratique dénuée de tout risque.

Recherches scientifiques sur les canaux ioniques

Le Pr. Michel Lazdunski, de l'Institut de Pharmacologie du CNRS, a fait d'importants travaux sur les canaux ioniques des cellules. Pour ce chercheur, les canaux ioniques sont des pores membranaires qui contrôlent le passage de charges électriques entre l'extérieur et l'intérieur de la cellule. Ils réagissent ainsi à l'activité électrique sur laquelle reposent de nombreuses fonctions de l'organisme. Les canaux ioniques ouvrent et ferment les pores cellulaires en vue de modifier le milieu interne.

Les canaux ioniques sont donc les clefs essentielles de la thérapie par les élixirs de cristaux.

3. Des aimants dans le cerveau

Curiosités scientifiques

Disposer d'un certain magnétisme personnel va peut-être avoir une base scientifique avec la récente découverte de particules magnétiques dans le cerveau humain. La question qui passionne les biologistes : « À quoi peuvent bien servir ces petits aimants qui peuplent notre cerveau ? » Des minuscules cristaux de magnétite, un oxyde de fer très répandu, ont été isolés dans le cerveau par une équipe de chercheurs de l'Institut de Technologie de Californie à Pasadena dirigée par Joseph Kirschvink. Ces cristaux qui mesurent environ 10 nanomètres de long (soit seulement 10 millionièmes de millimètre) se retrouvent en quantité plus importante dans certaines zones du cerveau. Leur concentration varie de 4 nanogrammes par gramme de tissu cérébral en moyenne à 70 nanogrammes dans les méninges, les membranes qui recouvrent le cerveau. Ce qui représente 5 millions de cristaux magnétiques par gramme de tissus, formant des agrégats de 50 à 100 particules. Plus étonnant encore, ils ont la même forme que ceux découverts chez les bactéries et résulteraient d'un processus biologique interne.

Quelle peut-être leur utilité ?

On a déjà trouvé de la magnétite chez les pigeons, les saumons, les abeilles et on pense que ces cristaux servent de boussoles pour aider ces animaux à s'orienter par rapport au champ magnétique terrestre. Mais chez l'homme ? Peuvent-ils servir de stockage temporaire du fer ou sont-ils un vestige des systèmes de guidage des bactéries ou des oiseaux migrateurs ? Certains chercheurs pensent que ces cristaux peuvent être affectés par les faibles champs magnétiques qui nous environnent en permanence comme ceux produits par des lignes à haute tension ou des appareillages électriques (séchoirs, rasoirs, couvertures chauffantes ou écran d'ordinateurs). Il existe à ce sujet une controverse sur les effets biologiques des champs électromagnétiques à basse fréquence.
Afin d'être protégé des champs électromagnétiques à basse fréquence, il est important d'avoir recours, aux élixirs de tourmaline noire et de magnétite, sous forme de cure.

IV. LE SILICIUM ORGANIQUE

Le silicium est, avec l'oxygène, le constituant le plus répandu de l'écorce terrestre dans laquelle on trouve 27 % sous forme élémentaire et environ 75 % sous forme minérale dont la plus connue est le quartz.

Le silicium reconnu depuis des siècles par les médecines Chinoise et Aztèque, représente 30% de la composition du monde minéral sous forme de silice cristallisée. On le trouve dans l'ensemble des organismes sous forme d'oligo-éléments et chez l'homme dans le tissu conjonctif qui constitue la trame de tout le corps humain : le sang, les vaisseaux, les os, les cartilages et le derme sous forme de silicium colloïdal ou organique.
Le silicium organique se différencie du silicium colloïdal par la présence d'un ou de plusieurs atomes de carbone associés à de l'hydrogène. Sous cette forme, c'est un des éléments essentiels de la matière vivante, comme le prouvent les dosages effectués aussi bien chez les plantes et les animaux que chez l'homme. Dans le corps de ce dernier, on en trouve notamment une quantité importante dans tous les tissus : cartilages, articulations, parois des vaisseaux, derme, gencives.

Le silicium organique apporte des bienfaits multiples, en rééquilibrant l'osmose de la cellule et la tonicité de la fibre collagène. Richement chargé en ions négatifs et positifs, il permet de rétablir l'équilibre ionique des cellules endommagées ou affaiblies, de relancer les échanges cellulaires, et intervient directement dans le processus de régénération de la cellule.

Dynamisation du silicium organique avec les énergies cristallines

Le procédé de fabrication de nos élixirs est inédit. Le silicium organique dynamisé aux énergies cristallines permet de «recharger» l'organisme et de rétablir l'équilibre ionique des cellules endommagées ou affaiblies et ainsi de relancer les échanges cellulaires. Il intervient directement dans le processus de régénération de la cellule. Ainsi, il permet de traiter un grand nombre de pathologies très variées.

Les signatures cristallines et silicium organique

La synergie des énergies cristallines et du silicium, important boosteur des substances qui l'accompagnent, permet d'avoir un fonctionnement harmo-

nieux du système énergétique, ainsi que de faciliter les réactions enzymatiques et déchélatrices (biochimie).
L'élixir est une clé qui s'encastre sur le récepteur cellulaire correspondant. Il diffuse une information au sein de la cellule afin de lui donner l'élément nécessaire à sa régulation métabolique.

La synergie du silicium organique et des énergies cristallines agit sur les affections physiques et sur la sphère émotionnelle. Ces matières premières nobles peuvent être utilisées ponctuellement, de façon très personnalisée.

V. LES POUVOIRS DE L'EAU

Tout dans l'univers est en interrelation. Chaque individu est relié d'une certaine façon à un plus vaste univers. Cette perspective convient à l'étude de l'eau, la substance holistique ultime. Tous les processus vitaux sont dépendants de l'énergie. Chaque objet et chaque substance, qu'il soit naturel ou manufacturé, transmettent des vibrations spécifiques selon un mode qui leur est particulier. Tout ce qui vit est constitué d'une énergie vibrant à des fréquences spécifiques. Nos corps sont formés d'un ensemble d'organes et de cellules vibrant à des fréquences différentes.

L'eau est le chemin de la résonance, le canal par lequel toutes les espèces vivantes communiquent entre elles. L'eau emmagasine et transfère l'information sur des fréquences qui transmettent des énergies vibratoires. Lorsqu'une molécule de n'importe quelle substance rencontre l'eau, son potentiel de communication augmente considérablement.
Nos sommes composés de 70 % d'eau. L'eau a donc un pouvoir considérable dans l'organisme. Lorsque l'eau est saine, elle peut accumuler et transmettre avec précision la bonne information vibratoire.

1. La mémoire génétique de l'eau

Toutes les eaux que nous buvons n'ont pas le même résultat dans le corps. Aussi curieux que cela puisse paraître, une eau qui n'a pas une structure et une vibration qui s'inscrivent dans l'histoire de l'évolution de la vie humaine, provoquera une déshydratation et à la longue des transformations génétiques possibles. Les cellules du corps sont composées de 90 % d'eau et possèdent une mémoire génétique de l'eau telle qu'elle est créée par les forces naturelles dans l'environnement.

Il est important de comprendre les deux forces qui transforment l'eau dans la nature de façon à la rendre biocompatible. La première est le mouvement qui provient des courants (ce qui donne à l'eau une structure géométrique que l'on peut visualiser désormais sur les cristallisations) et la seconde est l'information électromagnétique, sous la forme d'émissions vibratoires subtiles, transmise à l'eau par le sol (ce qui donne à l'eau une vibration également mesurable).

2. Quand la physique rejoint la géométrie sacrée

Les physiciens modernes ont récemment postulé que la forme de l'univers pourrait être le dodécaèdre qui est la forme considérée la plus stable des 3 formes tridimensionnelles. À l'image de la théorie moderne en physique avancée qui tend à croire que toutes les forces de la nature ont pour fondement la vibration, Platon, dont les cinq formes de base portent son nom, avait pour théorie que tout était basé sur cinq solides dont le dodécaèdre.

Un des premiers à avoir présenté les faits entre l'eau, la physique des solides de Platon et la relation entre l'hydratation à travers la membrane cellulaire est le Dr. M. Chaplin, professeur en sciences appliquées à l'université Borough Road de Londres.

3. La qualité de l'eau et la respiration cellulaire

Une eau pure, sans produit chimique et non minérale est vitale pour plusieurs raisons et la principale est la suivante.
Otto Henrich Warburg (1883-1970), docteur en chimie et en médecine, prix Nobel de physiologie en 1931 pour sa découverte de processus-clés de la respiration cellulaire et de différents systèmes enzymatiques, fut le premier à constater qu'une cellule anormale ou cancéreuse avait ses polarités électriques inversées. C'est ainsi que la cellule se vide de sa substance et se meurt.
D'après les données de la bioélectronique, l'eau pure permet de retarder les effets du vieillissement et de prévenir les risques de cancer. Trop basique et oxydée (chlorée par exemple), elle devient un poison qui entraîne à la longue le terrain biologique vers des maladies dégénératives.
Fortement minéralisée et donc trop alcaline, elle nuit aux échanges cellulaires et peut générer des insuffisances cardio-vasculaires et rénales. D'ailleurs, les cures thermales ne dépassent pas 21 jours.
L'eau, «génératrice de vie», est devenue «source de maladies». Face à ce précieux liquide à double visage, il est devenu indispensable de s'intéresser à sa qualité et aux techniques de purification.
L'eau pure a la propriété de nettoyer l'organisme. Prise en quantité suffisante, elle débarrasse les organes, les artères, les intestins et les muscles des déchets qui empêchent leur bon fonctionnement. L'eau pure est un draineur lymphatique et un nettoyant cellulaire.

4. La mémoire de l'eau

Le terme de «Mémoire de l'eau», concernant la structure de l'eau, a été utilisé la première fois en 1985 par Dang Ving Luu et Claudine Luu au Colloque de la Ligue Homéopathique Internationale de Lyon.
Ces deux chercheurs ont défini la mémoire de l'eau comme : «La mémoire caractérisée par une structure capable de stocker une information, donc une quantité d'énergie et de la restituer à la demande».

L'eau devrait donc posséder une structure lui permettant de capter l'énergie et de la transférer aux systèmes vivants. Cela se faisant par modification de la structure de l'eau.
L'hydrolyse digestive (la digestion), est un exemple de la biologie qui montre que l'eau liquide est un milieu capteur d'énergie : elle modifie sa structure interne pour capter et stocker l'énergie dégagée par «la dispersion matériel d'un soluté».

Ces recherches confirment que l'eau est un chemin de résonance, un canal par lequel toutes les espèces vivantes communiquent entre elles.

Les élixirs de cristaux sont élaborés avec de l'eau énergétisée et du silicium organique, ce qui permet de transmettre parfaitement la bonne information vibratoire.

VI. LA BIOÉLECTRONIQUE DE VINCENT ET LES ÉLIXIRS DE CRISTAUX

La bioélectronique fut conçue en 1948 par l'ingénieur de génie Louis-Claude Vincent. Grâce à 3 paramètres mesurés chacun sur le sang, la salive et l'urine, elle quantifie l'état de santé et définit, par des données physico-chimiques objectives, la notion de " terrain ". Il s'agit :

- du pH : état magnétique du terrain et de l'équilibre acido-basique. L'organisme sain à un pH de 7,1 dans le sang. Sur l'abaque du terrain bioélectronique allant de 1 à 14, le 7 traduit l'équilibre.

- du rH2 : (état d'électronisation) coefficient d'oxydo-réduction, mesure l'oxydation du milieu et donc son état de conservation. La santé se traduit par un coefficient bas (rH2) entre 21 et 24 dans le sang. Le vieillissement par un coefficient très élevé (en s'oxydant le cuivre verdit, le fer rouille ….). Sur l'abaque, plus le rH2 est faible et plus il y a d'électrons, et inversement.

- du rô : état de résistivité, l'inverse de la conductibilité électrique, mesure le diélectrique (degré d'isolation). La norme est de 200 à 210, dans le sang.

- Chez un individu en bonne santé, le sang, qui est le liquide «porteur de vie» a le «rô» le plus fort et l'urine, qui est le liquide porteur de toxines a le «rô» le plus faible.
- Chez un individu atteint d'un cancer, on peut constater une incroyable inversion des proportions, le sang ayant un «rô» qui s'effondre alors que ceux de l'urine et de la salive montent en flèche.

Ces paramètres indiquent la santé du «terrain». Ils doivent être équilibrés, tout écart donne lieu à des pathologies. Il est à noter que bien souvent les perturbations du terrain bioélectronique sont dues à un lieu de vie «malade».

1. Restaurer le terrain bioélectronique

Il se restaure en procédant à une négativation naturelle, en déchargeant le surplus d'électricité avec l'élixir de cristal de roche, en marchand pieds nus sur la terre et en stimulant le méridien (R1) avec l'élixir de tourmaline noire. Il est important et vital d'éliminer les pollutions électriques en rétablissant l'équilibre cosmo-tellurique du lieu de vie.
Vous devez aussi boire une eau pure, sans sels minéraux. Un cristal de roche, laissé en permanence dans une bouteille d'eau, permet de bénéficier de la vibration énergétique du silicium. L'eau enregistre l'onde énergétique des minéraux. **C'est la fameuse mémoire de l'eau**. Laissez votre cristal pendant 48 heures dans un peu d'eau avec 30 gouttes d'élixir de cristal de roche. Ensuite, vous mettez votre cristal dans votre eau de boisson quotidienne. Le cristal va avoir des vibrations très puissantes et un grand pouvoir pour agir sur votre équilibre bioélectronique au quotidien.

2. Les dépollutions cellulaires : synergie des élixirs de cristal de roche et de zéolite

Les vaccinations sont de véritables poisons pour l'organisme. Nous pensons qu'il est important de les éviter car ils sont préjudiciables pour le bon fonctionnement du système énergétique. Si vous avez eu des vaccinations, vous devez avoir recours à une dépollution cellulaire. Certains élixirs de cristaux dépolluent les cellules des substances chimiques. L'élixir de cristal de roche, en synergie avec l'élixir de zéolite, permet cette dépollution et l'effacement des mémoires vibratoires du vaccin.

3. L'élixir de cristal de roche et la bioélectronique de Vincent

Le silicium permet d'agir sur les 3 paramètres bioélectroniques fondamentaux des liquides organiques : le sang, l'urine, la salive. Ces trois paramètres sont très importants puisqu'ils résument l'état de santé d'un organisme. Leur équilibre est vital pour notre santé.
L'élixir de cristal de roche, sous forme de cure régulière, permet à votre corps de se recharger en silicium et de conserver un équilibre bioélectronique afin d'être protégé des pathologies physique et psychique. Il est important de faire une cure de détoxication des cellules avec les élixirs de cristal de roche et de zéolite et de faire ensuite des cures régulières d'élixir de cristal de roche.

VII. LA MÉDECINE QUANTIQUE

"La médecine quantique est une démarche qui n'est pas fondée sur l'action de substances chimiques intervenant dans le corps, mais sur **l'information**, sur des réactions d'ondes ou de champs électromagnétiques appliqués à l'orga-

nisme vivant, afin de le ramener à son point d'équilibre, encore appelé "état stable". Ces réactions doivent prendre en compte la totalité de la nature biologique du sujet et en particulier sa prédétermination génétique, autrement dit, son bagage héréditaire". **De même** «la médecine quantique» reconnaît l'interdépendance fondamentale entre l'esprit et le corps à tous les stades de la vie. Elle prend également en considération la dimension spirituelle de la personne comme une donnée incontournable".
(Professeur Cannepasse Riffard).

"L'être vivant ne doit pas se concevoir comme une matière animée par de l'énergie.
C'est l'énergie qui préexiste à la matière et qui oriente la matière vers le phénomène vital"

Il est important de signaler que la médecine quantique ne nécessite pas de quantités importantes d'énergie, mais seulement l'émission de rayonnements de très faibles énergies et de faibles champs magnétiques, **qui ne sont pas perçus par le patient**. Ce n'est donc pas un courant d'excitation que l'on applique à l'organisme, **mais un très faible "signal"**, porteur d'informations énergétiques.

La médecine quantique agit exclusivement au niveau informationnel des molécules et de la cellule, puis, par réaction en chaîne, sur l'organisme tout entier. L'énergie utilisée est de l'ordre de 1 à 3 électron-volt (eV), et les actions sur l'organisme peuvent être immédiatement observées (à titre de comparaison, l'énergie de liaison qui constitue le noyau d'un atome est de l'ordre du million d'électron-volts- MeV).

Tous ces types d'émissions sont spécifiques à la physique du vivant, et sont organiquement liés aux processus de l'activité vitale des individus. Ces émissions peuvent influencer très favorablement le degré de stabilité des systèmes vivants...
Basée sur la nature radiationnelle, donc énergétique de la matière vivante,

cette technique s'applique à tout ce qui vit, des êtres humains aux animaux, sans oublier les plantes, tous immergés dans le champ énergétique terrestre.

Les scientifiques russes travaillent depuis plus de 20 ans dans ce domaine, et les applications en sont destinées au suivi et au traitement à distance de l'homme dans l'espace…
Le principe de base et le système de fonctionnement de cette science développée en Russie par des scientifiques de très haut niveau, ressemble étrangement à ce que nous faisons par radiesthésie et magnétisme : apporter des informations au niveau le plus ténu et le plus intime de la matière (matière et énergie étant indissociables) pour corriger certaines erreurs ou pour rétablir des équilibres.

"**Tout est énergie**. Même la matière inerte paraît n'être qu'une forme particulière de l'énergie". Ceci est confirmé par une publication en provenance du C.E.R.N. (Centre Européen de Recherche Nucléaire, situé aux portes de Genève, où se trouvent les plus grands anneaux d'accélération des particules) :
"Ce qui nous paraît être de la matière solide n'est constitué en réalité que de particules vibratoires tournoyant dans un grand vide à une telle vitesse qu'elle nous donne une impression de solidité. Si le mouvement de ces particules cessait tout à coup comme un ventilateur qui s'arrête, il n'y aurait plus que du vide. Nous sommes en réalité de l'énergie informatisée en action".

Si on demande à un savant de physique moderne de nous décrire, au niveau de ses connaissances actuelles, comment il voit un être humain, il dira : "L'homme est une expression holographique de l'univers tout entier, qui se manifeste par un continuum d'amplitudes et de probabilités, sous forme d'événements spatio-temporels dans un champ de possibilités infinies ».
Plus concrètement, toute particule, toute matière, tout être vivant possède un "**Taux Vibratoire**" qui lui est propre, et une charge énergétique (on ne peut pas dire électrique, mais ça y ressemble).

Tout étant en relation, l'information EST la base du fonctionnement de tout ce qui existe.
Et l'information est toujours présente, toujours transmise, de particule à particule, de la fourmi aux étoiles, car tout est en relation dans l'Univers (Hubert Reeves).
Définition du quanta : Historiquement quantum est une forme latine correspondant à ce qui désigne en physique une quantité insécable (quanta au pluriel). Paradoxalement, un atome était, à sa découverte, une unité indivisible ; le mot provient du grec ατομς (« atomos »), « que l'on ne peut diviser » - le « a » indique la négation et « tomê- » la division - On pourrait en déduire qu'un atome est un quantum. L'atome était pour les Grecs le plus petit élément indivisible de la matière...

Imprégnation énergétique quantique des élixirs et de huiles de cristaux
Les élixirs et les huiles de cristaux subissent une imprégnation énergétique quantique de silicium (cristal) diffusée par notre appareil de bioénergie (voir troisième partie : élaboration des élixirs de cristaux). Ce procédé augmente le niveau vibratoire de chaque élixir et huile de cristal, potentialise leur degré d'assimilation et d'action sur les champs énergétiques de l'homme.

*

TROISIÈME PARTIE

ÉLABORATION ET MODE D'ACTION DES ÉLIXIRS DE CRISTAUX

I. LES ÉLIXIRS DE CRISTAUX

1. L'élaboration des élixirs de cristaux

Composition des élixirs de cristaux
Les élixirs ANSIL sont issus des énergies cristallines, d'une eau énergétisée et du silicium organique, important boosteur des substances qui l'accompagne.

Procédé inédit d'élaboration d'élixirs de cristaux
Procédé inédit de dynamisation des élixirs de cristaux avec l'appareil de bioénergie ANSIL. Cet appareil est un amplificateur d'énergie émettant les 7 couleurs du spectre solaire. Ce procédé donne aux élixirs de cristaux un taux vibratoire exceptionnel, une qualité d'information parfaite et une augmentation de leurs vertus originelles.

Sélections des cristaux
Les cristaux utilisés pour la fabrication des élixirs sont bruts, non roulés et font l'objet d'une sélection rigoureuse. Cette spécificité a son importance car les cristaux bruts conservent en totalité leurs propriétés vibratoires initiales contrairement aux cristaux roulés.

Fabrication des élixirs de cristaux

Elle se réalise en plusieurs étapes dans un lieu vibratoirement sain. Chaque étape est validée par une photo Kirlian pour visualiser l'optimisation du potentiel énergétique.

Influences lunaires

Les élixirs de cristaux sont fabriqués pendant des phases lunaires précises pour les optimiser.
La dynamisation utilisée agit autant sur le plan physique que sur tous les plans d'énergie (biochamp).

Les élixirs de cristaux élaborés par nos soins ont été confiés pour la fabrication au Laboratoire L.A.P.H.T. Phytofrance (Laboratoire d'Aromathérapie, de Phytothérapie et d'Homéopathie Traditionnelles) à Candillargues (Hérault), sous le contrôle d'un pharmacien.

2. Notre appareil de bioénergie

Notre appareil de bioénergie est issu de la médecine quantique.

C'est un Émetteur/Amplificateur d'énergie issu de la luminothérapie, de la formologie et de la cristallothérapie. À l'intérieur de l'appareil se trouvent des cristaux spécifiquement taillés qui sont amplifiés et spécialement programmés. La puissance des énergies cristallines et des ondes de forme font de cet appareil de bioénergie un allié indispensable pour le bien-être du corps et de l'esprit.
L'appareil a été construit avec le nombre d'or.

Les élixirs et les huiles de cristaux subissent une imprégnation énergétique quantique de silicium (cristal) diffusée par notre appareil de bioénergie. Cette dynamisation inédite augmente le niveau vibratoire de chaque élixir et huile de cristal et potentialise leur degré d'assimilation et d'action sur les champs énergétiques de l'individu.
Une récente série de publications scientifiques russes semble démontrer que

l'utilisation prophylactique des technologies quantiques à raison de deux trois cures par an permettrait de prolonger sainement la vie humaine de sept à douze ans.

• Qu'est-ce que la luminothérapie?

L'influence positive de la lumière naturelle du soleil sur les fonctions corporelles et spirituelles est reconnue depuis des siècles. Le dispositif utilisé dans l'appareil de bioénergie ANSIL reproduit la lumière solaire. Ainsi, les cristaux ondes de forme, par ce procédé, ont une puissance énergétique augmentée.

• Qu'est ce que la formologie ?

La formologie est l'étude et l'emploi d'ondes de forme pour harmoniser, protéger l'être humain, un lieu etc. La formologie est la science des microvibrations qui ne sont ni d'ordre cosmo-tellurique, ni d'origine humaine, mais qui émanent «de la forme même que prend la matière dans les objets du monde physique» et, tout particulièrement, dans les formes géométriques. Tout le monde visible est doublé d'un monde d'E.D.F. (onde de forme). C'est le cas du corps physique qui est doublé par des enveloppes subtiles.

• Qu'est-ce que la cristallothérapie ?

C'est l'utilisation de quartz spécifiques taillés en ondes de forme à des fins thérapeutiques. Le cristal possède une fréquence qui est en synchronicité avec la terre, et avec nous, êtres humains. En effet, le cristal de roche génère un angle de force pyramide dont la valeur 51° 31' est semblable au noyau d'une cellule vivante à savoir notre ADN. Le cristal est un support vibratoire et par ses propriétés il est appelé à agir sur le champ magnétique de l'être humain, l'aura, la conscience et la mémoire cellulaire. Il est à noter que les cristaux sont utilisés dans les centrales nucléaires pour produire de l'énergie.

• Propriétés du cristal de roche

Le cristal de roche est largement utilisé dans l'industrie électronique en raison de ses propriétés étonnantes. En effet, soumis à un choc, il émet de la lumière et de l'électricité. C'est l'effet piézo-électrique, découvert par les frères Pierre et Jacques Curie en 1880. Par ailleurs, il a la capacité de vibrer à une fréquence stable quand il est soumis à un champ électrique, ce qui le rend précieux dans le domaine de l'horlogerie.

Il a donc la capacité de transformer l'énergie qu'il reçoit. Pour cette raison, il peut être utilisé pour augmenter le niveau vibratoire d'une substance ou modifier le niveau énergétique d'un individu.

• Les multiples actions de notre appareil de bioénergie

La synergie des trois énergies : la lumière (luminothérapie), les formes géométriques (formologie) et le cristal (cristallothérapie) permet un large spectre d'actions. De nombreux problèmes trouvent leurs origines dans des blocages ou des perturbations du flux d'énergie entre le corps et l'âme. L'appareil de bioénergie permet grâce à une technologie innovante d'agir sur les programmes subtils du corps et ainsi de relancer le système énergétique tout entier.

• Énergie vérifiable

L'énergie de l'appareil de bioénergie est vérifiable en pratiquant des tests :

- avec la caméra Kirlian (photo de l'aura),
- avec un testeur d'énergie vitale et des méridiens,
- avec l'antenne de Lecher.

Cet appareil a été créé par Sylvie Crochet et Ange-Jacques Séno.

Important : les cristaux utilisés pour la conception de l'appareil sont programmés et amplifiés pour que leurs actions soient spécifiques afin d'agir sur différentes substances, sur le système énergétique et dans le domaine de la géobiologie.

3. La caméra Kirlian et les élixirs de cristaux

C'est une caméra spéciale qui permet de voir l'aura d'une personne, d'une plante, d'un cristal, d'un élixir ou d'autres produits.

Ce n'est qu'en 1939 que des preuves photographiques ont pu être apportées par Semyon Kirlian, un jeune chercheur soviétique, et dans les années 1960 que le lien fut fait entre ces émanations et la santé, le psychisme ou la personnalité profonde d'un individu. Des diagnostics préventifs furent même réalisés par des médecins soviétiques.
Les émanations Kirlian ont aussi permis de constater que les corps vivants émettent des rayonnements qui correspondent non seulement aux parties «visibles» de ces corps mais également à des parties devenues «invisibles» comme des membres ou des morceaux amputés. Cette constatation est à rapprocher des affirmations d'un grand nombre d'amputés qui prétendent continuer à «souffrir» ou à «sentir» un membre depuis longtemps disparu.

On sait aussi que l'effet Kirlian peut être rapproché des théories millénaires de l'acupuncture traditionnelle. Les points les plus lumineux relevés sur les photographies sous haute tension correspondent, en effet, aux quelques 700 zones clefs enseignées par les orientaux.

L'effet Kirlian est la manifestation d'un des aspects de notre potentiel énergétique. Ce dernier qui, chez l'homme, se décompose en énergie chimique, mécanique, électrique, calorique et psychonique, est produit par la dégradation et l'oxydation des lipides (graisses) et des glucides (sucres). L'énergie psychonique est la moins connue de toutes. Elle se différencie des autres types d'énergie par son caractère rayonnant qui lui permet de s'évader du corps physique et de former ainsi une bulle énergétique visualisable par la technique de l'effet Kirlian. La production des "psychons" ne peut donc pas être liée au seul cerveau. C'est bel et bien l'ensemble de nos cellules qui rayonnent cette énergie liée à l'activité du système endocrinien et, plus spécialement de la glande thyroïde.

Le Pr. Isidor Gunard, de l'Académie des Sciences de Moscou, affirme que le système nerveux des végétaux, bien que nettement plus primitif que celui des animaux, fonctionne de la même manière que celui de l'homme. Il pense que les plantes sont parfaitement conscientes du monde constituant leur environ-

nement. Elles reçoivent des signaux qui s'acheminent au travers de leurs organes constitutifs et parviennent à leur centre de perception et de sensation où les informations sont décodées et enregistrées. Ce centre nerveux et psychique des végétaux serait situé dans les environs du collet des racines.
En ce qui concerne les minéraux dont l'organisation est encore plus simple, les photographies Kirlian témoignent là encore d'une activité énergétique. L'homme évolue en moins d'un siècle, les végétaux évoluent parfois sur plusieurs siècles et les minéraux, quant à eux, ont une durée d'évolution qui se compte en millénaires ou en millions d'années. Le règne minéral n'est absolument pas un monde inanimé et figé. Son évolution est tout simplement plus

(Voir ces schémas en couleur page 286)

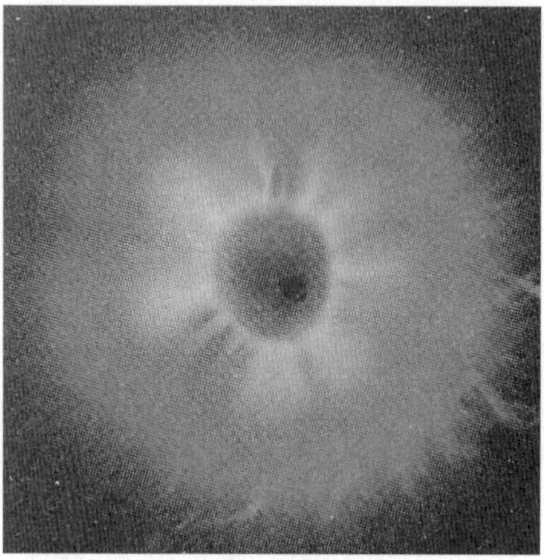

Elixir avant dynamisation et passage sur l'appareil de bioénergie

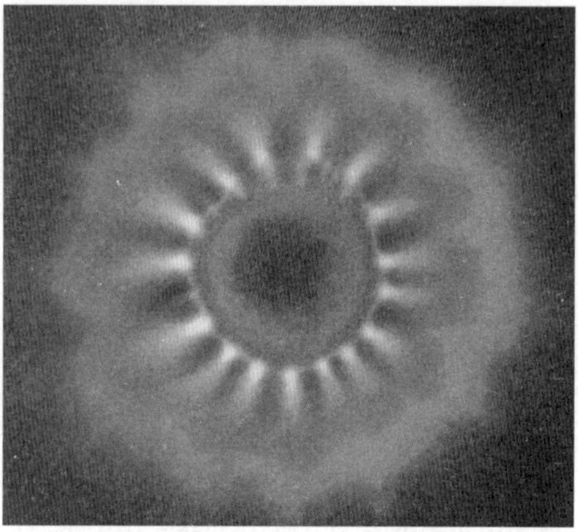

Elixir après dynamisation et passage sur l'appareil de bioénergie

infiniment plus lente que celle des deux autres règnes et, de ce fait, elle nous paraît statique par rapport à notre propre évolution.

Nous utilisons la caméra Kirlian après chaque élaboration d'un élixir pour vérifier si le potentiel énergétique a augmenté après la dynamisation et le passage sur notre appareil de bioénergie. Cette procédure permet d'être assuré d'avoir des élixirs d'excellente qualité et surtout d'une grande valeur énergétique.

II. COMMENT AGISSENT LES ÉLIXIRS DE CRISTAUX ?

1. Les 8 modes d'action

a. Oligothérapie d'avant-garde

Les élixirs de cristaux apportent par ondulations vibratoires les oligoéléments essentiels dont votre corps a besoin. Cette méthode peut être dénommée : l'oligothérapie énergétique. Les élixirs agissent au niveau des canaux ioniques correspondants. Ils diffusent une information au sein de la cellule afin de leur donner l'élément nécessaire à leur régulation métabolique.

b. Action par la couleur

Les élixirs de cristaux diffusent leurs ondes chromatiques dans tout le système énergétique. Ainsi, chaque prise d'élixir permet au corps d'enregistrer l'onde chromatique du minéral.

c. Action enzymatique

La présence de certains enzymes dans l'organisme est indispensable pour activer les réactions chimiques. Sans ces enzymes, les réactions physiologiques ne peuvent se faire, d'où l'apparition de troubles pathologiques.
• Les élixirs de cristaux pris sous forme sublinguale permettent cette réaction enzymatique.

• Appliqués directement sur la peau et sur des points d'énergie spécifique d'énergie, les élixirs transmettent leurs propriétés au contact de l'épiderme par réactions enzymatiques. Ils diffusent à dose infinitésimale des minéraux : cuivre, lithium, silicium, etc.

d. Action déchélatrice

Des recherches en Suisse, en Belgique, en Allemagne et en France ont permis de démontrer que certains élixirs ont une action déchélatrice. Ce blocage appelé «chélation», est de plus en plus fréquent avec notre mode de vie, notre alimentation, les traitements chimiques, la pollution, etc. La déchélation est un outil thérapeutique très efficace afin de détoxiquer l'organisme.

e. Action sur les fréquences vibratoires du corps humain

D'un point de vue vibratoire, nos élixirs possèdent la particularité d'agir sur tous les corps auriques. Les élixirs agissent notamment sur le corps éthérique, gardien des attaques extérieures, qui doit être puissant afin d'être protégé des pathologies physiques. Les élixirs agissent aussi sur les corps émotionnel et mental afin d'éliminer les émotions qui y sont restées imprimées.

f. Action purifiante

Les élixirs de cristaux s'attaquent aux énergies qui perturbant le système énergétique et qui gênent le sujet pour avancer sur son véritable chemin de vie. Leurs actions sont apaisantes, correctrices. Les élixirs de cristaux s'attaquent aux racines du mal pour l'éliminer sous une forme énergétique.

g. Action stimulante

Les élixirs de cristaux stimulent la force d'auto guérison. Au plan organique, les élixirs stimulent les défenses immunitaires et au plan psychologique la défense du «maître intérieur».

h. Action harmonisante

Les élixirs de cristaux harmonisent le système énergétique. Leurs rôles sont assimilables à celui des vitamines et autres compléments alimentaires qui renforcent l'énergie du corps vers la santé. Les élixirs vont équilibrer le sujet pour qu'il poursuivre l'évolution entreprise afin de réussir dans sa quête de la santé du corps et de l'esprit.

Élixirs purifiants	Élixirs stimulants	Élixirs harmonisants
Amazonite	Aigue-marine	Cristal de roche
Améthyste	Améthyste	Chalcopyrite
Axinite	Axinite	Citrine
Baryte	Baryte	Émeraude
Fluorite	Chalcopyrite	Fluorite
Grenat	Citrine	Grenat
Hémimorphite	Cristal de roche	Hémimorphite
Kunzite	Émeraude	Kunzite
Labradorite	Fluorite	Labradorite
Magnétite	Grenat	Magnétite
Quartz rose	Hémimorphite	Malachite
Quartz rutile	Kunzite	Quartz rutile
Rhodochrosite	Labradorite	Rhodochrosite
Saphir	Magnétite	Saphir
Tourmaline noire	Quartz rutile	Zéolite
Tourmaline verte	Saphir	Zircon
Zéolite	Zéolite	
Zircon		

2. Les oligoéléments des minéraux

Les élixirs de cristaux apportent par ondulations vibratoires les oligoéléments essentiels dont votre corps à besoin. Cette thérapie est issue de la médecine quantique.
Il est important de connaître le rôle des oligo-éléments car notre santé physique et psychologique dépend de leurs équilibres.

La biologie humaine est gouvernée par d'innombrables mécanismes biochimiques dont la plupart dépendent de catalyseurs : des agents «facilitateurs» également dénommés co-facteurs enzymatiques. La grande majorité de ces catalyseurs sont des ions métalliques ou métalloïdes, présents en très faibles quantités et indispensables à l'organisme : les éléments traces (E.T.) ou oligo-éléments.

On comprend dès lors que ces oligo-éléments peuvent influer sur l'état de santé, tant dans le domaine nutritionnel (carences) que thérapeutique (médicaments). Ce dernier point est à l'origine du concept d'oligothérapie développé par le Dr Ménétrier au milieu du XXe siècle sur la base d'observations cliniques qui ont montré que certains oligo-éléments peuvent soulager les maladies fonctionnelles.
Le déséquilibre physiologique à l'origine du dysfonctionnement peut être progressivement corrigé sans qu'il y ait eu pour autant carence avérée. Pour cela, l'apport de l'oligo-élément (ou l'association d'oligo-éléments) est indispensable.
Par son action de cofacteur enzymatique, la dose nécessaire d'oligo-élément est toujours modérée ou faible, mais doit être apportée sur de longues périodes.

a. Les oligoéléments sont des biocatalyseurs

La catalyse est un phénomène chimique provoqué par une substance qui augmente la vitesse d'une réaction chimique, sans que cette substance soit modifiée par cette réaction.

C'est le suédois Berzélius qui, le premier, vers 1835, fit un essai d'étude générale et de classification des phénomènes catalytiques. Il eut l'intuition d'une réaction produite par le mouvement, ou chimie cinétique, et d'un mécanisme réactionnel qui s'ensuit. Ainsi le catalyseur ne modifie pas le résultat de la réaction possible et finale de deux corps, il active les réactions d'affinités. Au plan biologique, quand les corps en présence peuvent évoluer de façon différente, le biocatalyseur accélère la seule réaction favorable à l'intégrité du tissu à l'exclusion de tous les autres. On saisit, là, l'importance du rôle de ces métaux et métalloïdes en très faible quantité ou à l'état de trace.
Les expériences effectuées pour définir une interprétation de ce phénomène cinétique, réactionnel et ondulatoire ont conduit les chercheurs à distinguer la catalyse vraie des mécanismes de sensibilisation et d'inhibition. La biocatalyse peut donc se définir par l'action des catalyseurs dans les tissus vivants où ils favorisent les réactions chimiques indispensables à la vie.

Les oligo-éléments ne sont pas les seuls biocatalyseurs nécessaires à l'équilibre organique. Les vitamines fournies par les aliments, les hormones sécrétées par les glandes endocrines et les enzymes sont présentes dans toutes les cellules des trois règnes végétal, animal et humain.
Il est établi que les oligo-éléments sont bien des substances importantes et rigoureusement nécessaires au fonctionnement de notre organisme. Les quantités absorbées par les tissus et celles prévues par la thérapeutique qui sont de l'ordre du millionième de gramme, permettent d'activer les métabolismes, en d'autres termes, les échanges dont l'équilibre définissent la santé.

b. Les spécificités d'action

Un élément peut avoir une action inhibitrice et stopper une réaction en cours. Quand un phénomène semblable se produit dans l'organisme humain, l'équilibre des échanges dans tel ou tel tissu est compromis, et, dès lors, un état morbide s'insinue qui va des troubles fonctionnels aux lésions caractérisées et expose aux infections. La thérapeutique catalytique agit dans ces différents états en utilisant la spécificité d'action des oligo-éléments. Cela veut dire que ces éléments ne sont pas quelconques.

Le Dr Ménétrier précise : «Le manganèse, le manganèse-cuivre, le manganèse-cobalt, le cuivre, le cuivre-or-argent, le zinc-nickel-cobalt, appartiennent tous aux éléments dits de transition qui se distinguent dans la classification élémentaire par des caractéristiques électroniques ».
La connaissance actuelle met l'accent sur ces éléments pour expliquer par des processus électroniques le phénomène de catalyse.

En règle générale, les oligo-éléments et les minéraux sont tous indispensables et doivent se trouver toujours en équilibre dans le corps. Ces balances sont interdépendantes et fonctionnent soit par 2 éléments, 3 ou 4. Ainsi, un excès de fer inhibe en partie l'absorption du zinc (sans oublier que la bonne utilisation physiologique du fer est étroitement liée à la présence du cuivre qui est préventif de la cancérose, ainsi que le manganèse et le cobalt).

Pour devenir cancéreuse, une cellule doit acquérir de nombreuses propriétés différentes si bien que le cancer, phénomène excessivement complexe, ne se traite pas forcement de la même façon selon l'organe touché et l'avancement de la cancérisation.

c. Les propriétés du Zinc et du Fer

Le zinc détruit les cellules potentiellement dangereuses. Les gènes qui contiennent l'information nécessaire à la cellule pour fonctionner sont bombardés par des radicaux libres. Si le gène touché est responsable de l'envoi des signaux qui déclenchent la multiplication des cellules (oncogènes) et des signaux qui la stoppent (anti-oncogènes), ce dérèglement peut produire une cellule capable de devenir cancéreuse. Le système immunitaire fait en sorte qu'une cellule qui n'a pu être réparée se "suicide" (apoptose) grâce à une protéine appelée P53. Le zinc intervient ici en lui donnant la forme nécessaire pour qu'elle soit active.

Or, la forte carence en zinc est très fréquente (surtout chez les personnes âgées) et les métaux lourds (Hg, Cd) omniprésents viennent souvent remplacer le zinc et donc inactiver la P53.
La cellule potentiellement cancéreuse survit alors et le cancer peut alors s'initier.

Importance du Zinc
Le zinc aide à la non propagation des cellules cancéreuses. L'information d'une cellule cancéreuse est instable et sans cesse remaniée. Or, le zinc et le manganèse accroissent la stabilité des gênes et réduisent le risque qu'une cellule altérée aille envahir un autre organe. (Il faut également agir sur le tissu conjonctif que l'on peut renforcer par notamment la vitamine C).
Les élixirs de cristaux d'hémimorphite (Zinc) et de rhodochrosite (Manganèse) contiennent ces minéraux essentiels et vitaux pour notre santé.
Le fer est indispensable mais d'un mécanisme très complexe. Un excès de fer favorise les cellules cancéreuses. Un excès en fer provoqué par exemple par une surconsommation de viande rouge ou tout simplement par le vieillissement peut favoriser le cancer. Ainsi, la transferrine chargée de le transporter peut être saturée et en libérer une partie qui deviendra alors très oxydante. Le fer permet à l'hémoglobine de fixer l'oxygène. C'est-à-dire qu'il active la formation de radicaux libres donc, le vieillissement des cellules et favorisera leurs cancérisations éventuelles. L'élixir de magnétite permet d'avoir des réserves suffisantes en fer pour le bien-être du corps.

Information importante : l'insuffisance en fer jointe à la carence en vitamine C favoriserait les cancers et notamment les cancers de l'oesophage, larynx et pharynx.

d. Les oligo-éléments présents dans l'organisme

- L'arsenic.
- Le chrome intervient dans le mécanisme de l'insuline et du diabète.
- Le cobalt entre dans la composition de la vitamine B12.

- Le cuivre joue un rôle important dans la synthèse de l'hémoglobine (protéine permettant le transport de l'oxygène dans le sang) et intervient dans la composition de plusieurs enzymes.
- Le fer est utilisé par l'organisme, entre autre, au niveau des globules rouges, sa carence est susceptible d'entraîner une anémie.
- Le fluor est présent dans les tissus osseux et l'émail dentaire, et participe à la résistance contre les caries.
- L'iode est un élément nécessaire à la fabrication de l'hormone thyroïdienne.
- Le molybdène.
- Le nickel.
- Le manganèse participe à la composition de nombreux enzymes.
- Le sélénium entre dans la composition de certains enzymes.
- Le silicium, minéral essentiel.
- Le soufre est indispensable à la fabrication d'un grand nombre de protéines (l'insuline entre autres) et d'enzymes.
- Le zinc participe à la synthèse des protéines (comme le collagène entre autres) et joue également un rôle de premier plan dans le fonctionnement et la fabrication des acides nucléiques (ADN et ARN). Sa carence est susceptible d'entraîner des troubles neurologiques.

e. Quelques fonctions essentielles

Leur taille n'est pas proportionnelle aux fonctions qu'ils occupent dans nos cellules, voici une liste non exhaustives de leurs différentes aptitudes :

- Ils sont des constituants importants des cellules.
- Ils entrent dans la composition des substances respiratoire (hémoglobines, myoglobines, cytochrome) et de certains systèmes enzymatiques.
- Ils régulent la perméabilité des membranes cellulaires et des parois des capillaires (renforcent leur intégrité), antioxydants pour certains, ils protègent des attaques des radicaux libres responsable du vieillissement cellulaire.

- Ils entrent dans la constitution du squelette en particulier le calcium, le phosphore, le zinc et lui donnent toute sa consistance.
- Ils influent au moyen d'un équilibre ionique (les minéraux sont considérés comme des ions et des cations) entre sodium, calcium, potassium et magnésium sur toutes les fonctions cellulaires et régularisent l'excitabilité de la transmission nerveuse et musculaire.
- Ils interviennent dans la régulation du métabolisme de l'eau et du volume du sang.
- Ils contribuent à maintenir la pression osmotique (équilibre des liquides intra et extra cellulaire) et l'équilibre acido-basique de l'organisme (équilibre entre acidité et alcalinité des tissus).

f. Les oligoéléments et vitamines

Les oligoéléments sont indispensables au métabolisme des vitamines. Sans oligo-élément essentiel dans l'organisme, les vitamines ne peuvent pas être assimilées par le corps. Des cures régulières d'élixirs de cristaux permettent cette réaction. Les élixirs de cristaux sont donc indispensables pour la santé du corps et de l'esprit.

On l'aura compris, se passer des services des ces précieuses substances aussi petites soient elles, reviendraient à se compliquer l'existence... et la santé.

PROPRIÉTÉS DES OLIGOÉLÉMENTS

Oligoéléments	Actions
Aluminium (Al) *Pierres :* axinite, dumortiérite, grenat, épidote, rubis, tourmaline noire, verte, rose	Assure la régulation du pH, régule le fonctionnement du cerveau, équilibre le psychisme. Active les vitamines du groupe B. Inhibe le staphylocoque doré. Soigne les insomnies, stimule la concentration et la mémorisation. Action sur les déficiences intellectuelles et troubles psychiques, les retards intellectuels des enfants et des adolescents. Contre les troubles de mémoires des personnes âgées.
Antimoine (Sb) *Pierres :* chalcostibite, stibine, kermésite, valentinite	Catalyseur de la vitamine A. Contre l'arthrose, l'arthrite. Renforce les poumons. Contre les bronchites chroniques, la sinusite, le rhume, les hépatites chroniques, les troubles prostatiques, les rhumatismes.
Argent (Ag) *Pierres :* argent natif, émeraude, proustite, sylvanite, andorite	Anti-germes, désinfectant, anti-bactérien, anti-viral. Renforce l'organisme, lutte contre toutes les maladies infectieuses, anti-inflammatoire puissant, régule la température du corps.
Arsenic (As) *Pierres :* orpiment, réalgar, pyrite arsenicale	Régulateur des fonctions vitales, reconstituant de la cellule nerveuse. Soutient les défenses immunitaires. Contre l'anémie, l'arthritisme, l'asthme, la dépression, les problèmes pulmonaires, les problèmes de stérilité, les dermatoses. Renforce les intestins.
Baryum (Ba) *Pierres :* baryte, charoïte, bénitoïte, withérite	Modificateur du terrain. Antivieillissement, renforce le système immunitaire. Détoxification des métaux lourds.
Béryllium (Be) *Pierres :* aigue-marine, émeraude, béryl, rhodizite, phénacite, héliodore	Renforce les poumons. Fortifie le système immunitaire, anti-infectieux, anti-stress. Contre les problèmes cutanés, ORL cardiaques, le diabète.
Bismuth (Bi) *Pierres :* bismuthine, montanite, mixite, tétradymite	Anti-infectieux, anti-viral. Allié contre les troubles ORL, immunostimulant, contre les ulcères.

Oligoéléments	Actions
Bore (B) *Pierres :* toutes les tourmalines, danburite, datolite, manganaxinite	Active l'assimilation du calcium, du phosphore, du cuivre, du magnésium, active la vitamine D. Prévient l'ostéoporose, contre l'arthrite rhumatoïde. Stimule la sécrétion d'oestrogènes et de testostérone, améliore la ménopause et l'andropause. Indispensable pour les os et les muscles.
Brome (Br) *Pierres :* bromargyrite	Sédatif du système nerveux, lutte contre les insomnies et les réveils nocturnes. Intervient dans les échanges membranaires. Contre les pathologies mentales lourdes. Régulateur d'humeur.
Calcium (Ca) *Pierres :* calcite, dolomite, fluorite, microlite	Équilibre le système nerveux. Contre l'angoisse, l'insomnie, la dépression. Régulateur du système para et sympathique. Contre les affections pulmonaires, renforce les os, régularise le rythme cardiaque, la circulation du sang. Contre le cholestérol, les fibromes, les cancers de l'intestin et colorectal. Activation de nombreuses vitamines. Contre l'empoisonnement au plomb.
Carbone (C) *Pierres :* diamant, graphite, sidérose, magnésite	Catalyseur essentiel des échanges intracellulaires. Immunostimulant, anti-infectieux. Stimule la fonction hépatique, renforce le système digestif, équilibre les liquides humoraux.
Chlore (CI) *Pierres :* halite, atacamite, vanadinite, tugtupite	Renforce les muscles. Immunostimulant. Régularise les fonctions cardiaques.
Chrome (Cr) *Pierres :* calcite, chromite, crocoïte, saphir	Stimule l'énergie vitale. Contre les épuisements physiques, contre le diabète. Hypotenseur, favorise le bon cholestérol. Contre les problèmes oculaires.
Cobalt (Co) *Pierres :* amazonite, fluorite, pyrite, rhodochrosite, érythrite, smaltite, cobaltite	Active les Vit. du groupe B et synthétise la Vit.B12. Stimule les fonctions digestives. Contre les migraines, les anémies, les troubles circulatoires, l'artérite des membres inférieurs. Favorise la formation des globules rouges, stimule le tonus cérébral, vasodilatateur. Hypoglycémiant.

Oligoéléments	Actions
Cuivre (Cu) *Pierres :* malachite, aurichalcite, chalcopyrite, azurite, cuprite	Anti-inflammatoire puissant, anti-radicalaire, antioxydant, immunostimulant, anti-infectieux, antiviral, anticoagulant. Indispensable à la vie cellulaire. Prévient le vieillissement cutané, contre les rhumatismes articulaires. Favorise la croissance (os) des enfants et des adolescents. Stimule la production des globules rouges. Contre l'asthénie, l'anémie, aide dans les cas d'anorexie. Renforce le cœur, contre le blanchiment des cheveux.
Fer (Fe) *Pierres :* aimant naturel, amazonite, axinite, baryte, hématite, disthène, chalcopyrite, pyrite, grenat, péridot, staurotide	Favorise l'assimilation de la Vit.C, assure l'oxygénation des cellules. Indispensable pour la croissance des enfants et des adolescents. Combat l'anémie, stimule les défenses immunitaires. Lutte contre les états de léthargie ou d'apathie.
Fluor (F) *Pierres :* fluorite, topaze, amblygonite, cryolite	Essentiel dans la croissance osseuse, fixe le calcium, solidité du squelette, active la calcification, prévient les fractures du col du fémur, prévient et corrige les athéromes calciques. Contre les déformations de la colonne vertébrale. Combat l'ostéoporose, les fragilités ligamentaires, les entorses, les foulures. Renforce les dents, protection de l'émail dentaire. Allié contre les tendinites.
Germanium (Ge) *Pierres :* argyrodite, germanite.	Prévention du vieillissement. Immunostimulant, antiviral, allié contre la cancérose. Augmente l'oxygénation cellulaire, antalgique. Contre les polyarthrites rhumatoïdes, l'hypercholestérolémie. Stimule les lymphocytes T. Régularise la pression sanguine, allié pour le système cardio-vasculaire. Prévient l'ostéoporose.
Iode (I) *Pierres :* halite, sel de l'Himalaya, lautarite	Régulateur thyroïdien. Antiscléreux, antivieillissement, assouplisseur vasculaire, antitoxique, hypotenseur. Régularise le cholestérol. Stimule la croissance des enfants et des adolescents.

Oligoéléments	Actions
Lithium (Li) *Pierres :* lépidolite, kunzite, pétalite, amblygonite, tryphyline	Antidépresseur naturel, contre l'instabilité psychique, apaise le système nerveux. Contre l'hyperémotivité, les somatisations. Stimule la circulation cérébrale. Combat les insomnies et les réveils nocturnes. Contre les troubles de la ménopause et de l'andropause. Action diurétique.
Magnésium (Mg) *Pierres :* axinite, citrine, fluorite, magnésite, spinelle, épidote	Permet le maintien d'un pH équilibré, active l'assimilation du calcium, du phosphore et du potassium. Agit sur l'échange ionique des cellules, régénérateur cellulaire, régulateur thermique. Antiallergique, anti-inflammatoire, anti-vieillissement, anticoagulant, anti-stress, antiviral. Contre les asthénies, apaise les nervosités excessives, les insomnies. Prévient les phlébites, abaisse le cholestérol, renforce le système cardio-vasculaire. Contre les tachycardies, le diabète, l'artériosclérose. Prévient la formation des calculs rénaux.
Manganèse (Mn) *Pierres :* argent natif, disthène, dioptase, œil de chat, saphir, bixbyite, rhodochrosite, pyrolusite.	Anti-allergique. Contre l'eczéma, l'urticaire, les rhinites, l'asthme, les problèmes de stérilité. Combat les éruptions cutanées, régule les glandes endocrines. Stimule la production d'hormones sexuelles, aide contre l'impuissance. Régulateur de la glycémie, renforce le pancréas, actif dans le métabolisme des sucres et des graisses, anti- cholestérol. Régulateur de la croissance. Indispensable dans les affections cardio-vasculaire. Contre l'hyperthyroïdie, l'hypertension. Détoxiquant.
Molybdène (Mo) *Pierres :* calcite, orpiment, wulfénite	Régit la distribution du fer et du cuivre. Contre les caries dentaires, les infections buccales. Anti-anémie. Harmonise le fonctionnement cellulaire. Stimule la synthèse des protéines. Équilibre le système nerveux.
Nickel (Ni) *Pierres :* amazonite, azurite, baryte, émeraude, disthène, pyrite.	Active les enzymes, favorise la production des Vit. A, C, P. Allié contre l'obésité, la cellulite. Stimule les fonctions du pancréas, du foie, de la rate. Important allié contre le diabète, renforce le système digestif. Contre les somnolences digestives, stimule les glandes salivaires.

Oligoéléments	Actions
Or (Au) *Pierres :* or natif, calavérite, émeraude.	Antitoxique, anti-infectieux puissant, immunostimulant. Active la cicatrisation, apaise l'inflammation rhumatismale. Fébrifuge. Soutient le système cardio-vasculaire.
Phosphore (P) *Pierres :* argent natif, azurite, calcite, citrine, fluorite.	Contre la nervosité excessive, anti-stress. Stimule les échanges énergétiques cellulaire. Contre les déminéralisations osseuses, l'ostéoporose, les troubles cardiaques, les troubles neurologiques. Active le métabolisme du calcium, allié pour la croissance des enfants, les poussées dentaires.
Potassium (K) *Pierres :* adulaire, cinabre, épidote, muscovite.	Active la synthèse des protéines, contre la fatigue musculaire. Allié contre les rhumatismes, l'arthrite, la polyarthrite, les myasthénies, arthrose ménopausique, la rétention d'eau. Stimule les glandes surrénales. Anti-vieillissement. Régule les fonctions cardiaques.
Sélénium (Se) *Pierres :* amazonite, argent natif, disthène, quartz rose, turquoise.	Anti-oxydant puissant, puissant anti-virus protection. Élimine les métaux lourds. Contre les radicaux libres, les effets secondaires de la chimiothérapie. Augmente la diurèse et l'élimination de l'acide urique, stimule les fonctions thyroïdiennes, la régénération de la peau, renforce les fonctions cardio-vasculaires. Stimule les fonctions hépatiques, le pancréas, les glandes surrénales. Prévient la dégénérescence maculaire, la rétinopathie, la cataracte. Renforce la prostate.
Silicium (Si) *Pierres :* cristal de roche, péridot, œil de tigre, quartz rose, quartz fumé.	Immunostimulant, anti-vieillissement. Contre les déminéralisations, allié important contre le vieillissement des os, de la peau, des cheveux. Contre l'artériosclérose, l'hypertension, les troubles de la prostate, le cholestérol, les problèmes de mémoires, les adénopathies, la maladie d'Alzheimer, l'ostéoporose, la tuberculose. Stimule la cicatrisation, renforce le système nerveux.

Oligoéléments	Actions
Sodium (Na) *Pierres :* toutes les tourmalines, halite, sel de l'Himalaya, jadéite, chiolite.	Régulateur général du métabolisme. Rétablit l'équilibre acido-basique. Stimule la digestion et l'élimination, régularise le rythme cardiaque. Allié pour le système nerveux.
Soufre (S) *Pierres :* axinite, chalcopyrite, pyrite, célestine.	Stimule les fonctions hépatiques, la vésicule biliaire. Purifie le sang. Anti-infectieux, anti-inflammatoire. Contre les problèmes cutanés, les arthrites, les rhumatismes. Protection des métaux toxiques. Renforce les intestins. Allié contre le cholestérol.
Titane (Ti) *Pierres :* quartz rutile, titanite, tundrite.	Stimule puissamment le système énergétique. Anti-anémie, anti-asthénie, renforce le sang. Allié contre les prurits anaux et les hémorroïdes. Stimule la volonté. Renforce la sensibilité.
Zinc (Zn) *Pierres :* azurite, baryte, or, orpiment, pyrite, rhodochrosite,	Rôle de premier plan dans le fonctionnement et la fabrication des acides nucléiques (ADN et ARN). Allié contre les troubles neurologiques. Immunostimulant, anti-infectieux, anti-vieillissement. Stimule la cicatrisation. Contre tous les problèmes de peau, l'impuissance et la stérilité. Stimule les fonctions hépatiques et pancréatiques, les fonctions hypophysaires et celles des glandes sexuelles. Protection contre les métaux lourds. Assure l'équilibre du pH, facilite l'assimilation des Vit.A et E.
Zirconium (Zr) *Pierres :* zircon	Immunostimulant. Allié contre les pathologies lourdes. Renforce le sang, anti-fatigue. Stimule les glandes sexuelles. Allié contre les dépressions.

3. L'action des couleurs

Chaque couleur vibre à une vitesse qui lui est propre, et chaque couleur possède des caractéristiques particulières et une influence précise. Par ailleurs, l'être humain étant lui-même constitué de couleurs, chacun réagira de façon différente aux teintes et aux coloris des pierres et des cristaux. En somme, nous vivons en interaction permanente avec tout ce qui nous entoure. Puisque nous sommes à la fois émetteur et récepteur, nous ressentons de façon plus ou moins consciente et plus ou moins intense, les vibrations émises par les couleurs. Par conséquent, il essentiel d'accorder de l'importante aux couleurs des élixirs de cristaux que nous souhaitons prendre d'après le problème physique ou mental que nous rencontrons.

Les élixirs de cristaux procurent au système énergétique l'onde chromatique nécessaire pour harmoniser le système énergétique.

Les couleurs correspondent à des vibrations ayant des vitesses, des longueurs d'onde, des rythmes différents. Elles exercent une influence physique, psychique et émotionnelle dont nous ne sommes généralement pas conscients et permettent à notre énergie vitale d'atteindre un état facilitant grandement l'auto guérison.

La chromothérapie prend ses racines dans la nuit des temps et des civilisations. En Chine et en Inde, on retrouve des papyrus datant de plusieurs milliers d'années confirmant qu'en ces endroits on utilisait les couleurs dans le but de guérir et d'éveiller les facultés spirituelles. De plus, des recherches importantes ont été menées afin de découvrir le plein pouvoir thérapeutique du spectre lumineux et des couleurs qui le composent. C'est le docteur Babbit des États-Unis, père de la «thérapie chromatique», qui fut à l'origine de plusieurs études sur la couleur et ses effets thérapeutiques. Ces travaux confirmèrent que les couleurs avaient non seulement des effets physiologiques sur la croissance et la vitalité des plantes, mais qu'elles en avaient également sur les humains. Le docteur Babbit élabora une théorie selon laquelle les différentes couleurs représentent des énergies transmissibles dont le corps peut avoir besoin.

Aussi, d'autres recherches telles que celles du docteur Gadhiali démontrèrent que les couleurs avaient des effets réflexes sur les tissus et les nerfs de la peau d'une personne. Le docteur MacNaughton pour sa part, confirma que bien que nous ne puissions voir toutes les couleurs qui existent, nous ressentons les effets de leurs vibrations.

Les couleurs agissent donc sur le corps et l'esprit d'une personne. Elles sont des forces énergétiques qui peuvent permettre de maintenir en équilibre votre hygiène de vie ou de soutenir vos traitements thérapeutiques et de recouvrer plus rapidement la santé et le bien-être.

Chaque cellule de notre corps, comme chaque composant de l'univers est constitué d'atomes émettant une vibration ; les cristaux ne font pas exception à la règle, ils émettent des vibrations spécifiques (longueurs d'ondes différentes selon les couleurs) et que nous en soyons conscient ou non, nos cellules entrent en résonance avec ces vibrations colorées.

L'influence des ondes vibratoires de la couleur se manifeste sur tous les plans : physique, mental et spirituel, il est donc important de connaître les influences des différentes couleurs.

Les élixirs de cristaux diffusent leurs ondes chromatiques dans tout le système énergétique. Chaque prise d'élixir permet au corps d'enregistrer l'onde chromatique du minéral.

Une couleur peut se définir par :

- sa tonalité ou «teinte» ou encore sa longueur d'onde qui s'exprime en angström (A) ou en nanomètre (nm),
- sa pureté ou sa «saturation» qui s'exprime en pourcentage (pur = 100 %, neutre = 0).

- sa luminosité ou «luminance» qui s'exprime en pourcentage, par comparaison avec un blanc de référence.

Couleurs	Longueur d'onde (nm)
Violet extrême	400
Violet moyen	420
Violet-bleu	440
Bleu moyen	470
Bleu-vert	500
Vert moyen	530
Vert-jaune	560
Jaune moyen	580
Jaune-orangé	590
Orangé moyen	600
Orangé-rouge	610
Rouge moyen	650
Rouge extrême	780

a. Les différentes actions des rayons de couleurs des élixirs

Rayon Rouge

Chakras	Racine, sacré, du cœur, plexus solaire.
Organes physiques associés	Os, reins, cœur, sang.
Élixirs de cristaux	Grenat, zircon.
Action thérapeutique	Combat l'anémie, stimule le système immunitaire, accélère le débit sanguin en augmentant la pression. Allié des états dépressifs. Enraye les états de léthargie, l'épuisement, les grandes fatigues, combat les affections pulmonaires. Active la cicatrisation des blessures, stimule le système nerveux et le système lymphatique.
Rayon très conseillé	Aux personnes anémiées, aux gens frileux, aux personnes déprimées ou lymphatiques, aux adolescents, aux personnes souffrant de problèmes inflammatoires.
Rayon déconseillé	Aux personnes souffrant d'hypertension, aux gens ayant un tempérament sanguin, aux personnes agressives ou colériques.

Rayon Orange

Chakras	Sacré, plexus solaire.
Organes physiques associés	Cœur, reins, sang, poumons, rate, estomac, système lymphatique, système génital, système nerveux.
Élixirs de cristal	Citrine.
Action thérapeutique	Tonifie l'organisme, favorise la digestion, augmente la confiance en soi. Contre l'asthme et les bronchites. Enraye les sautes d'humeur, les mouvements d'impatience et de colère, les élans d'agressivité. Lutte contre les effets de la ménopause, accroît le tonus sexuel. Aide à voir plus clairement dans des situations problématiques, chasse le négativisme. Renforce la résistance physique, la détermination.
Rayon très conseillé	Aux personnes déprimées, aux personnes souffrant de lourdes pathologies, aux tempéraments mélancoliques ou lunatiques.
Rayon déconseillé	Aux enfants hyperactifs, à tous ceux qui vivent des frustrations, aux personnes impatientes.

Rayon Jaune

Chakras	Plexus solaire, 3e œil, sommet.
Organes physiques associés	Tissu nerveux, rate, estomac.
Élixirs de cristaux	Citrine, chalcopyrite.
Action thérapeutique	Calme les personnes très nerveuses, stimule la créativité et l'activité cérébrale, encourage l'éclosion de la connaissance intuitive. Soulage les maux de tête, les migraines, régularise le système digestif. Action purifiante pour le foie et la vésicule biliaire.
Rayon très conseillé	Aux personnes dépressives, nonchalantes. Pour stimuler les capacités intellectuelles, pour favoriser l'incarnation, pour les personnes âgées. À tous ceux qui préparent des examens.
Rayon déconseillé	Aucune contre-indication.

Rayon Vert

Chakras	Plexus solaire, cœur, de la gorge.
Organes physiques associés	Foie, sang, tissus nerveux, rate, estomac, poumons.
Élixirs de cristaux	Tourmaline verte, émeraude, malachite.
Action thérapeutique	Anti-stress. Stimule les fonctions rénales. Contre les problèmes cutanés chronique, les maladies cardio-vasculaires. Procure un sentiment de quiétude. Stimule la glande du thymus. Soulage les problèmes inflammatoires, active les fonctions hépatiques. Contre l'insomnie, les maux de tête, les migraines, les rhumatismes, les problèmes sanguins, les troubles digestifs et ceux de la vésicule biliaire.
Rayon très conseillé	Aux personnes malades qui souhaitent recouvrer rapidement la santé, aux insomniaques, aux hypernerveux, aux gens perfectionnistes, aux créateurs, aux écrivains. À tous ceux qui expérimentent les méthodes de guérisons naturelles, à tous ceux qui cherchent la sérénité intérieure.
Rayon déconseillé	Aucune contre-indication.

Rayon Bleu

Chakras	Plexus solaire, de la gorge, 3e œil.
Organes physiques associés	Os, reins, foie, gorge.
Élixirs de cristaux	Lapis-lazuli, saphir.
Action thérapeutique	Problèmes ORL rénaux. Harmonise le fonctionnement de la glande thyroïde. Anti-inflammatoire. Contre l'acné, l'alcoolisme, les allergies, l'anorexie, les brûlures, la calvitie, les infections, la fragilité émotionnelle, l'eczéma, la frigidité. Favorise l'expression de soi, les visions, augmente la puissance de création, permet d'avoir un sommeil réparateur. Contre les fatigues physique et psychique. Contre les problèmes de communication.
Rayon très conseillé	Aux créateurs et aux artistes, aux personnes nerveuses et colériques, au tempérament bilieux.
Rayon déconseillé	Aux personnes moroses et dépressives, aux personnes frileuses, aux enfants lymphatiques, aux personnes âgées.

Rayon Indigo

Chakras	De la gorge, 3e œil.
Organes physiques associés	Peau, poumons, gorge.
Élixirs de cristaux	Saphir, lapis-lazuli.
Action thérapeutique	Problèmes de langage et d'élocution. Harmonise le fonctionnement de la glande thyroïde. Calme les douleurs inflammatoires. Favorise l'expression de soi, les visions, l'ouverture du 3e œil. Permet d'avoir un sommeil réparateur, contre les fatigues physique et psychique. Permet de lutter contre les maladies graves. Chasse les pensées et les émotions négatives. Aide les êtres dans leur recherche spirituelle et philosophique, facilite les régressions dans les vies antérieures.
Rayon très conseillé	Pour calmer le mental, pour les personnes qui cherchent leur véritable chemin de vie.
Rayon déconseillé	Aux personnes lymphatiques et mélancoliques, aux personnes ayant des tendances suicidaires, aux personnes introverties.

Rayon Violet

Chakras	Racine, sacré, de la gorge, 3e œil.
Organes physiques associés	Poumons, système ORL, lymphe, rate, foie, cerveau.
Élixirs de cristaux	Améthyste, kunzite, lapis-lazuli.
Action thérapeutique	Problèmes d'immunodéficience. Contre l'asthme, les graves pathologies, la nervosité, les angoisses, les problèmes cutanés chroniques et hépatiques, la fragilité psychologique (alcool, drogues, excès médicamenteux). Renforce le cerveau, apaise le système nerveux. Aide les individus à triompher du matériel au profit du spirituel.
Rayon très conseillé	À tous ceux qui travaillent sur eux-mêmes dans un but d'évolution, de transformation, pour les personnes souffrant de graves pathologies, pour les personnes nerveuses. À toute personne pratiquant la méditation, aux personnes souffrant d'angoisses inexplicables.
Rayon déconseillé	Aux personnes introverties, tristes, déprimées, aux tempéraments lymphatiques, aux personnes actives.

b. Les 3 catégories de couleurs et leurs effets

	Couleurs	Effets
Couleurs chaudes	Jaune, orange, rouge	Stimulation
Couleurs froides	Bleu, indigo, violet, blanc	Apaisement
Couleurs neutres	Vert-jaune, vert, bleu-vert	Harmonisation

c. Les rayons de couleurs des élixirs et les chakras

Vous pouvez utiliser les différents rayons de couleurs des élixirs pour réharmoniser les chakras :

Rayons	Chakras
Rouge	1er
Orange	2e
Jaune	3e
Verte	4e
Bleu	5e
Indigo	6e
Violette	7e

RECHERCHES SCIENTIFIQUES SUR 5000 PERSONNES

Le Docteur Hiroshi Motoyama, (institut de recherche de Tokyo), homme holistique pratiquant les anciennes méthodes de santé de l'Inde et de la Chine, a travaillé avec les plus grands yogis, tel Swami Satyananda, pour prouver scientifiquement la réalité des schémas de la circulation de l'énergie dans les deux modèles proposés par la culture indienne (système des chakras ou centres d'énergie) et la culture chinoise (système des méridiens d'acupuncture). Cette recherche fut conduite sur une période de 15 années. Il examina plus de 5000 personnes et certains résultats émergèrent rapidement : lorsqu'un chakra est "éveillé" on observe un excès d'énergie mesurable à la terminaison des méridiens d'acupuncture sur les mains et les pieds.

Les conclusions des travaux de Motoyama confirment les bases scientifiques des sciences antiques.

- Confirmation de l'existence des courants d'énergie.
- Validation de la possibilité de maîtriser l'énergie interne par des méthodes psychosensorielles adéquates.
- Étroit rapport entre le psychisme de l'homme et sa santé physique.
- Importance des méthodes vibratoires pour harmoniser le système énergétique.

Les scientifiques sont unanimes: la matière n'a d'existence que grâce à son énergie. En fait, elle est un condensé d'énergie. En réalité, tout bouge, nos cellules, nos organes, de l'infiniment grand à l'infiniment petit, tout est mouvement, même la lumière et par-là même, la couleur.

Le professeur V. Hunt de l'université de Los Angeles a également remarqué que la fréquence des ondes électromagnétiques émises par les cellules variait en fonction des différentes régions du corps de 1 à 1500 Hz. Il constata que certaines zones étaient nettement plus énergétiques et, comme par hasard, ces zones correspondaient justement aux chakras décrits dans les textes hindous millénaires, relatifs au yoga. Or, d'après les écritures yogiques, les chakras sont des centres de force énergétique (en sanskrit, le mot chakra signifie «roue») sensibles à toutes les influences énergétiques émises par les pensées, les sons, les couleurs, les arômes... Ils sont des récepteurs, des transformateurs et des distributeurs d'énergie. Il y a plusieurs milliers de chakras, mais 7 sont essentiels, localisés le long de la colonne vertébrale et chacun possède une couleur correspondant aux 7 couleurs de l'arc-en-ciel. Le fonctionnement harmonieux de ces centres dits majeurs est fondamental pour notre santé tant sur le plan physique que psychique. Notre mode de vie, l'effet de notre pensée et les legs héréditaires peuvent déstabiliser l'équilibre de nos chakras.

Hormis les moyens d'harmonisation qu'emploient les yogis, tels que la méditation, la respiration ou ceux provenant des arts martiaux comme l'Aïkido ou le Tai chi, il existe une méthode qu'utilise la lithothérapie : c'est la prise d'élixirs de cristaux d'après la couleur du minéral ou sa cristallochimie (oligo-élément). Les élixirs de cristaux sont des remèdes vibrationnels connus et utilisés depuis forts longtemps dans les médecines indienne, chinoise et tibétaine.

*

QUATRIÈME PARTIE

L'AYURVÉDA ET LES ÉLIXIRS DE CRISTAUX

A*yur* signifie la vie, *Veda,* la connaissance en langue Sanskrite, la langue des dieux. La philosophie et la religion indienne traditionnelle constituent les fondements de l'Ayurvéda. Cette base spirituelle fait de cette médecine un système de soin global qui prend en charge la santé de l'homme tant au niveau physique que psychologique et spirituel. La thérapie ayurvédique consiste à lutter contre un éventuel déséquilibre des principes vitaux à l'intérieur de l'être, ainsi que l'exploitation du potentiel psychique de chacun, via le développement de sa conscience et de sa spiritualité. En Inde, on considère le corps comme un microcosme, parce qu'il est soutenu par la même énergie qui se trouve en toute chose.

I. LES 5 ÉLÉMENTS

Les Rishis, en quelque sorte, les premiers chercheurs, par leur méditation profonde, comprirent une loi fondamentale, la loi des Pancha Maha Bhutas (5 grands éléments). Tout ce qui existe dans l'univers est composé de 5 éléments, les choses inanimées comme animées, leur combinaison fait la diversité du cosmos.
Le premier élément est issu du mental, forme subtile de l'espace, c'est l'Éther, par mouvement il a créé l'Air.

L'Air, par friction a formé des étincelles pour faire apparaître le Feu.
Le Feu en se condensant a créé la vapeur, l'Eau a été créée.
L'Eau en se coagulant a créé la Terre,

Chaque élément émanent de l'Éther, la Terre contient en elle les 5 éléments, elle est donc l'élément le plus lourd, l'eau en contient 4 et ainsi de suite.

II. LES DOSHAS

Ces 5 éléments se combinent en 3 paires, les Doshas qui signifient “ce qui perturbe”. Ils sont les énergies primordiales de l'univers, formant le corps humain, mais se retrouvant aussi, dans les saisons, les heures de la journée et les étapes de la vie humaine.

• **Vatha**, signifie vent, il est composé de 50% d'Éther et de 50% d'Air.
  Ses attributs sont : sec, léger, froid, rugueux, subtil, irrégulier, mobile.

  Il est le chef des autres doshas car il régit les mouvements et rien n'existe sans mouvement. Ce dosha agit sur la musculature, régule le fonctionnement des organes interne, gouverne le système nerveux, les 5 sens et les circuits subtils. Il organise la compréhension, la respiration car ses composants sont très proches de la force de vie appelée Prâna. Vata influence la clarté et l'éveil de l'esprit et l'activité spirituelle.

• **Pitta**, signifie ce qui digère, il est composé de 75% de Feu et de 25% d'Eau.
  Ses attributs sont : chaud, huileux, pointu, pénétrant, léger, mobile, liquide.

  Il correspond au processus de combustion qui a lieu dans le corps. Il est responsable de toutes les transformations, que cela soit le métabolisme (système hormonal et endocrinien), ou l'intelligence (une transformation des connaissances). Il a une action sur la formation des globules rouges du sang, sur la vue et la peau. Au niveau psychique, il influence les sentiments et l'intelligence.

• **Kapha**, signifie ce qui tient les choses entre elles, il est composé de 50% d'Eau et de 50% de Terre.
Ses attributs sont : froid, humide, lent, lourd, collant, lenteur.

Il constitue la structure solide de notre corps et apporte la stabilité, mais aussi la flexibilité. Il nourrit le corps, le soutient, le lubrifie. Kapha est responsable de la formation des cellules. Il agit aussi sur le squelette et les articulations. Kapha est très important puisque c'est lui qui détermine notre capacité de résistance face aux pathologies physiques et psychologiques. Au niveau psychique, il régularise et stabilise l'humeur.

III. LES TYPES DE CONSTITUTION AYURVÉDIQUE

C'est au moment de la conception et non de la naissance, que l'être humain est caractérisé par un pourcentage dominant d'un ou deux doshas. Cette constitution de base est sa nature intrinsèque ne changera jamais tout comme l'A.D.N. Les principes vitaux Vatha, Pitta, Kapha sont les énergies présentes dans les organismes vivants. Chaque être humain dispose de ce potentiel énergétique, mais en quantité et dans des proportions différentes. En conséquence, c'est le rapport des trois doshas qui détermine, pour chacun d'entre nous, notre constitution psychique et physique.

• **Le type Vatha**

La personne est très sensible, stressée et énervée. Elle souffre facilement d'anxiété, d'agitation parce qu'elle vit trop à fond les choses. Lorsque Vatha est en déséquilibre cela perturbe automatiquement les autres doshas, car Vatha est l'énergie la plus importante des trois doshas.

Il est important pour le type Vatha de se ménager des instants de relaxation et d'avoir un rythme de vie équilibré.

Morphologie : minceur et ossature légère, petits yeux, tendance aux dessèchements de la peau.

Vatha équilibré : l'individu se sent en harmonie avec lui-même. Il s'adapte facilement aux changements. Son esprit est éveillé, créatif. Les organes d'élimination fonctionnent bien, le système nerveux est équilibré et le système immunitaire est puissant.

Vatha déséquilibré : l'individu souffre de problèmes nerveux, de sautes d'humeur, de dépression, de problèmes d'insomnies ou de réveils en pleine nuit. Il gaspille son énergie et s'agite beaucoup trop. Il ne prend pas assez de recul face à certaines situations et oublie totalement de relaxer son corps et son esprit. Vatha déséquilibré occasionne des problèmes de constipation, des problèmes digestifs, de l'hypertension artérielle, des douleurs articulaires et des problèmes immunitaires qui peuvent être importants.

• Le type Pitta

L'individu jouit d'un système énergétique puissant et donc d'une bonne santé. Cela est surtout dû à ses intestins qui sont puissants et qui assurent une bonne digestion. Le type Pitta a beaucoup d'énergie et a tendance au «feu excessif» ce qui le pousse à se surmener et à dépasser ses limites.

Morphologie : taille moyenne, yeux clairs, peau normale mais parfois très sensible aux rayons solaires.

Pitta équilibré : l'énergie est grande et la personne ressent une paix intérieure et un sentiment de satisfaction. Le corps est svelte et les systèmes hormonal et endocrinien sont équilibrés. Les fonctions hépatiques rempliront parfaitement leur rôle pour éliminer les toxines dans le corps.

Pitta déséquilibré : les troubles engendrent un comportement excessif et agressif. La personne souffre de transpiration abondante, de bouffées de chaleur, d'insomnie, de dysfonctionnements hépatiques, de problèmes cutanés et d'une tendance aux inflammations. Il est conseillé au type Pitta de réfléchir avant d'agir et de penser un peu plus à son corps et son esprit. La détente est conseillée dans un environnement frais. Le type Pitta doit boire beaucoup d'eau et vivre si possible dans un endroit maritime.

• Le type Kapha

L'individu Kapha est de nature calme, d'humeur constante et équilibrée. Le type Kapha a une plus forte endurance que les deux autres doshas. Ce dosha ne se déséquilibre pas aussi facilement que les autres, de sorte que la santé du type Kapha est bonne. Toutefois, le rythme de vie plutôt lent peut engendrer un manque d'initiative, du lymphatisme, un désintérêt pour la vie spirituelle. Le fait de sous-exploiter ses énergies peut provoquer un trouble de l'équilibre interne. Le type Kapha doit souvent se stimuler et veiller à ne pas se laisser aller dans la nonchalance la plus totale.

Morphologie : ossature lourde, peau à tendance grasse, cheveux épais.

Kapha équilibré : le type Kapha possède une grande force physique. Il est calme, patient, sympathique et courageux. Sa vie sociale est stable et sa vie spirituelle est riche d'apprentissage et de connaissance. Ce sont des êtres qui avancent sans embûches sur le chemin de la lumière intérieure.

Kapha déséquilibré : l'individu souffre d'état dépressif. Il voit trop les choses en noir. Il manque de stimulation et il peut même être amener à l'inertie. Il a une grande sensibilité au froid et à l'humidité. L'individu peut dormir très souvent et longtemps. Le métabolisme est perturbé et amène bien souvent de l'embonpoint. L'individu peut souffrir de problèmes ORL, d'allergies et de rétention d'eau. Le type Kapha doit souvent stimuler son 3e œil afin d'avoir la clarté de l'esprit pour avancer dans son existence.

Comment repérer son type de dosha ?

La présentation des différents types physiques et psychiques, associée aux 5 éléments, est une trame d'identifications de nos tendances dominantes, et à aucun moment, un déterminisme. Vous devez donc essayer de repérer si une tendance générale vous correspond globalement.

IV. LES 7 STADES DU DÉSÉQUILIBRE DES DOSHAS

Le plus grand ennemi pour les doshas est le stress. La vie stressée perturbe notre équilibre intérieur et le système énergétique s'affaiblit. Il est important de renforcer nos énergies sinon c'est la porte ouverte aux pathologies physiques et mentales.

L'Ayurvéda considère ainsi que les troubles physiques et mentaux se développent suivant sept stades :

1. Divers facteurs négatifs augmentent ou concentrent l'énergie d'un ou plusieurs doshas.
2. Le déséquilibre des doshas s'amplifie, puisque les facteurs nocifs n'ont pas été éliminés. Ce deuxième stade est celui de l'amplification de la perturbation énergétique.

3. Le déséquilibre énergétique se répand dans tout le corps. Ce 3e stade est appelé dispersion énergétique.
4. Le dosha déséquilibré se déplace dans tout le corps, il se fixe dans d'autres régions du corps et provoque une perturbation énergétique.
5. Les premiers symptômes légers de la pathologie apparaissent.
6. Les symptômes légers se transforment en troubles énergétiques aigus.
7. Si les causes de la maladie ne sont pas éliminées, la pathologie peut devenir chronique.

La mission principale des élixirs de cristaux est de prévenir les pathologies physiques et mentales, de les empêcher de se développer, et, si certaines pathologies apparaissent, de guérir le sujet en lui rendant sa santé au sens originel.

V. LES ÉLIXIRS, LES DOSHAS, LES SAISONS

Les élixirs de cristaux correspondant aux doshas

Doshas	Élixirs de cristaux
Vatha	Cristal de roche, aigue-marine, lapis-lazuli
Pitta	Émeraude, amazonite, kunzite
Kapha	Grenat, magnétite, zircon

Afin de maintenir l'équilibre de vos doshas, il est conseillé, en intersaison, de faire une cure d'élixirs de cristaux. Vous devez consulter le tableau des doshas et des élixirs de cristaux pour connaître l'élixir correspondant.

Les périodes en intersaison où il est conseillé de faire une cure d'élixirs de cristaux

Doshas	Saisons	Période de la cure
Vatha	Automne	20-30 septembre
Kapha	Hiver	20-30 décembre
Kapha	Début du printemps	20-30 mars
Pitta	Printemps	20-30 avril
Pitta	Eté	20-30 juin

VI. LES TROIS CANAUX D'ÉNERGIE : Ida, Pingala, Sushumnâ

Parmi les milliers de canaux énergétiques répertoriés, formant une sorte de filet ou d'enveloppe dans le corps, 3 nadis (canaux) importants reliés aux 7 chakras principaux, doivent être connus pour comprendre le fonctionnement énergétique.

Chez la grande majorité des êtres humains, seule une faible partie de l'énergie circule dans ces trois nadis et les chakras. Éveiller cette énergie subtile par la prise d'élixirs de cristaux et la pratique de votre choix (séance de lithothérapie, relaxation, yoga, mudras) permet à son courant d'affluer dans ces centres en les activant.

Si la circulation est affaiblie, bloquée ou en hyperactivité, l'individu fait l'expérience de l'abandon, de l'angoisse, de la peur, de la tristesse… et recherche dans le monde extérieur se qui se trouve en lui. De ce fait, il augmente le dysfonctionnement des chakras, inhibe ses émotions et compense ses frustrations par une fuite exagérée dans des activités ou dans un comportement négatif.

Le chakra racine est le point de départ des trois canaux d'énergie qui relient les différents centres (les deux premiers canaux reliant les centres du premier au sixième) :

- le canal gauche, féminin, lunaire : Ida,
- le canal droit, masculin, solaire : Pingala,
- le canal central qui relie tous les centres, du premier au septième : Sushumnâ.

1. IDA : vaisseau latéral situé à gauche de la colonne vertébrale et du canal axial (sushumnâ), régit la force mentale.

Correspond à la Lune : il représente l'élément féminin. Son énergie est froide, ascendante et de couleur bleue. Ida est en relation avec les éléments Terre et Eau.

Qualités : Ida influence le système nerveux parasympathique qui transmet les impulsions aux organes pour en stimuler le fonctionnement. Ida est responsable des perceptions psychiques et extrasensorielles. Il stimule les activités créatives, artistiques, traite les informations et contrôle l'orientation dans l'espace. Son énergie froide permet d'abaisser la température du corps. Dans sa fonction harmonieuse, Ida qui représente notre subconscient, libère des peurs et des sentiments de culpabilité.

Déséquilibre : tous les aspects émotionnels négatifs, la paresse. Esprit passif tourné vers le passé, s'enfermer dans le silence, douter sans pouvoir passer à l'action. Reste dépendant des conditionnements familiaux, sociaux ou personnels.

Le déséquilibre se manifeste par des désordres psychiques et mentaux tels que certaines dépressions, certaines formes d'épilepsie... Il convient de savoir que toute activité physique ou mentale excessive, paralyse le côté émotionnel, donc Ida, ce qui peut engendrer des maladies graves.

2. PINGALA : vaisseau latéral placé à droite de la colonne vertébrale et du canal axial (sushumnâ), il régit la force physique

Correspond au Soleil : il représente le principe masculin. Son énergie est chaude, dynamique, descendante et de couleur rouge. Les éléments concernés par Pingala sont Feu et Air.

Qualités : il est en relation avec le système nerveux sympathique et stimule l'activité musculaire en libérant l'adrénaline. Pingala contrôle le rythme cardiaque, active le corps physique et oriente la conscience vers le monde extérieur. Relié à l'hémisphère gauche, Pingala est responsable des capacités de raisonnement, d'analyse et de logique. Son énergie chaude permet d'augmenter la chaleur du corps et contrôle l'énergie digestive. Pingala régit l'énergie au travers de laquelle nous travaillons et agissons.

Déséquilibre : sur le plan physique, essentiellement les maladies aiguës à caractère inflammatoire et certains troubles cardiaques et digestifs. Sur le plan psychologique, les déséquilibres de Pingala engendrent un esprit dominateur, égoïste, colérique, agressif, matérialiste. Les personnes perfides, sans scrupules vivent en excès sur ce nadi (canal).

3. SUSHUMNÂ : il se situe au centre, dans le canal axial situé en avant de la colonne vertébrale. Ce canal est très complexe, il représente l'inconscient, il constitue le supra mental, l'abolition de la dualité, l'éveil. Il synthétise l'énergie de Ida et de Pingala. Son énergie est neutre.

Certains élixirs de cristaux et respirations énergétiques permettent d'activer ce canal et d'éveiller les facultés intellectuelles et spirituelles.

Ces trois canaux ou nadis gouvernent le corps entier.

En résumé : les 3 nadis, les chakras et les corps auriques sont interdépendants, ils forment en quelque sorte le squelette énergétique de l'homme. Ils déterminent ses conditions psychophysiologiques, son caractère, son comportement, sa constitution, ses fonctions organiques et métaboliques.

4. Les élixirs de cristaux et les canaux d'énergie

Les élixirs de cristaux de roche et d'aimant naturel (magnétite) sont les élixirs de base pour rétablir et stabiliser les deux canaux d'énergie Ida et Pingala.

Vous pouvez aussi utiliser d'autres élixirs d'après le dysfonctionnement énergétique constaté :

- Si Ida est en sous régime : il faudra employer des élixirs de couleur bleue ou indigo comme par exemple l'élixir d'aigue marine ou de lapis-lazuli.

- Si Ida est en hyperactivité : il faudra employer des élixirs de couleur noire ou brune comme par exemple l'élixir de tourmaline noire ou de magnétite.

- Si Pingala est en sous régime : il faudra employer des élixirs de couleur rouge ou orange comme par exemple l'élixir de grenat ou de citrine.

- Si Pingala est en hyperactivité : il faudra employer uniquement de l'élixir d'améthyste.

La Sushumâ n'a pas besoin d'être harmonisée par les élixirs de cristaux, son bon fonctionnement dépend du courant lunaire et solaire. Si ces deux canaux fonctionnent correctement, la Sushumâ aura aussi une énergie harmonieuse.

VII. LES CHAKRAS : LES 7 « ROUES » INVISIBLES

Pour les hindous, les "chakras" ("roues" en sanskrit) sont nos centres énergétiques. Ils sont à la base de la médecine ayurvédique, vieille de cinq mille ans. Les textes anciens parlent de 88.000 chakras répartis sur tout le corps. Mais ils en dénombrent 7 majeurs, situés le long d'une ligne qui suit le trajet de la colonne vertébrale. D'autres médecines les reconnaissent à leur manière : en Chine, ils ont été intégrés dans la pratique de l'acupuncture ; en Occident, ils correspondent aux plexus, des réseaux de nerfs et de vaisseaux, dont le plus connu est le plexus solaire.

1. Le décodage des maladies

Les chakras sont une grille de lecture des maux du corps. Ils permettent de remonter d'un malaise physique à l'émotion qui le génère, souvent profondément enfouie. **À chaque chakra correspond, en effet, une zone du corps**, des organes et des systèmes glandulaires, mais aussi des émotions, des troubles physiques et psychiques.

Par exemple, le chakra du plexus solaire est relié au pancréas. Déséquilibré, il entraîne des maux d'estomac, des problèmes de poids, mais également un manque d'assurance et des cauchemars. Équilibré, il permet de s'affirmer sans agressivité. Qui sait interpréter le fonctionnement des chakras pourrait soigner un problème de santé en traitant le dysfonctionnement énergétique en amont de la maladie. Un autre exemple : une personne souffrant de colites inflammatoires a une pathologie typique du 2e chakra, lié aux organes sexuels. Son examen a effectivement révélé une faiblesse de l'ovaire gauche. En régulant le problème gynécologique avec l'élixir de grenat, le chakra s'est rééquilibré et les colites ont disparu.

2. Les fréquences d'énergies

Chaque chakra est de l'énergie vibrant à une certaine fréquence, dans une séquence logique et ordonnée de 7 vibrations. Les couleurs du spectre représentent aussi une série de 7 vibrations dans une séquence logique et ordonnée, comme le font les notes de musiques. Quand nous montons l'échelle énergétique des chakras, les éléments deviennent de plus en plus subtils, se déplaçant à travers les cinq éléments physiques de la terre, de l'eau, du feu, de l'air et de l'éther vers les éléments spirituels.

Dans le domaine physiologique, chaque chakra est en étroite relation avec une glande endocrine. Ainsi, c'est l'organisme tout entier qui est contrôlé et régulé par la voie du système endocrinien.
Dans le domaine psychologique, chaque chakra se développe pendant une période spécifique. Ces deux domaines sont intimement liés.

3. Atteindre l'équilibre

Les chakras doivent impérativement être équilibrés. Un centre énergétique trop éveillé (hyperactif) sera négatif pour le physique et le mental. Si un chakra est en faiblesse, l'énergie n'est pas suffisante pour le fonctionnement correct, des perturbations seront ressenties. Le juste équilibre doit être trouvé.

Bilan Énergétique
Il est conseillé de faire régulièrement un bilan énergétique de ces chakras. Si certains d'entre eux sont en dysfonctionnement, il est important d'avoir recours aux élixirs et aux huiles de cristaux.

**Découvrir le sens de ses mesures de défenses,
C'est assister le corps dans ses effets d'auto guérison**

LES CHAKRAS

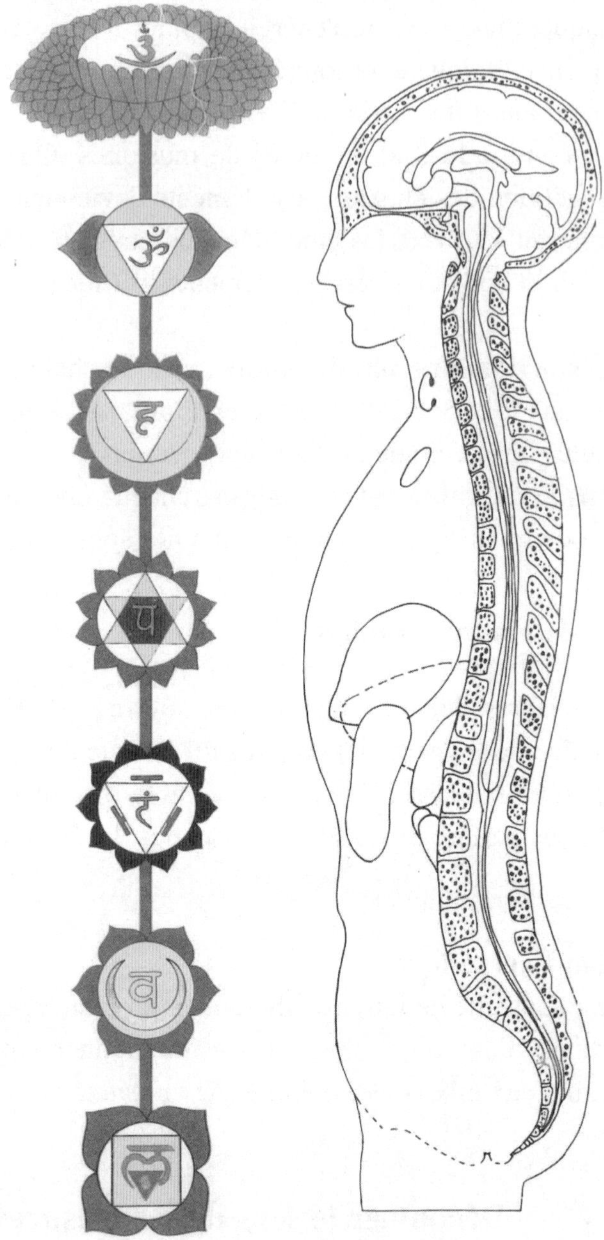

SAHASRARA CHAKRA
7e chakra,
chakra de la couronne,
chakra du sommet
Localisation physique
au sommet du crâne

AJNA CHAKRA
6e chakra,
chakra frontal,
chakra du 3e œil
Localisation physique
entre les deux sourcils

VISHUDDHA CHAKRA
5e chakra,
chakra de la gorge
Localisation physique
bas de la région de la gorge

ANAHATA CHAKRA
4e chakra,
chakra du cœur
Localisation physique
Se situe au centre de la poitrine,
entre les seins

MANIPURA CHAKRA
3e chakra,
chakra du plexus
solaire
Localisation physique
se situe entre le sternum et le nombril

SVADHISTHANA CHAKRA
2e chakra,
chakra sacré
Localisation physique
se situe un peu au dessous du nombril

MULHADARA CHAKRA
1er chakra,
chakra racine
Localisation physique
entre les organes génitaux et l'anus

(Voir ce schéma en couleur page 287)

Ce tableau vous permet d'un seul coup d'œil d'obtenir des renseignements sur les 7 chakras.

Les rubriques «troubles physiques et troubles sur le psychisme» vous renseignent sur les pathologies rencontrées le plus souvent pour chaque chakra.

Chakras	Actions sur	Troubles physiques	Troubles émotionnels
1er chakra	Reins, jambes. Systèmes osseux, génital, lymphatique, urinaire, émonctoire. Glandes surrénales. Formation des cellules du sang	Hypertension, diabète, cholestérol, obésité. Problèmes musculaires, cutanés, sanguins, osseux. Système génito-urinaire, cardiovasculaire. Anémie.	Troubles nerveux, apathie. Aucun sens des réalités, indolence. Instabilité émotionnelle et caractérielle.
2e chakra	Reins, système génito-urinaire et sanguin, lymphatique, le sperme. Glandes sexuelles.	Maladies du système génito-urinaire, sanguin, lymphatique. Problèmes hormonaux, rénaux.	Insensibilité, timidité, anxiété. Difficultés relationnelles. Impuissance, frigidité, peur de l'acte sexuel.
3e chakra	Estomac, foie, rate, vésicule biliaire, côlon, intestin, œsophage, yeux, système musculaire. Pancréas : agit sur les lipides et les sucres dans le sang	Maladies du système digestif et intestinal, maladies musculaires. Problèmes d'immunité, artériels. Fatigue générale, diabète, obésité.	Égocentrisme, mythomanie. Attitude autoritaire. Manque de courage, de combativité, effacé. Tristesse, dépression, peu d'estime de soi, nervosité, irritabilité.
4e chakra	Bras, mains, cœur, cage thoracique, poumons, peau. Thymus : régule l'énergie dans tout le corps, rôle important dans l'immunité	Maladies cardiaques, sanguines, cutanées, pulmonaires, immunitaires.	Stress, excessivité émotionnelle, dépression. Tendance à être abusé. Difficulté à exprimer ses sentiments, peur de l'amour. Indifférence aux autres.

Chakras	Actions sur	Troubles physiques	Troubles émotionnels
5e chakra	Gorge, cou, nuque, oreilles, mâchoire, langue, pharynx, larynx, bronches, œsophage. Glandes thyroïdes et parathyroïdes régulatrices du métabolisme humain	Maladies du système ORL, digestif. Dérèglement thyroïdien.	Bégaiement. Difficultés d'expression. Ne réfléchit pas avant de s'exprimer. Caractériel, tendances à la mythomanie.
6e chakra	Système nerveux céphalo-rachidien. Hypophyse : sécrète de nombreuses hormones, stimule les autres glandes endocrines.	Troubles du métabolisme endocrinien. Pathologies lourdes, problèmes psychomoteurs.	Blocage émotionnel. Mysticisme exagéré, complexe d'infériorité. Tendance à être manipulé. Trouble de la concentration. Ne veut pas voir la vérité en face. Peur de communiquer. Cyclothymique.
7e chakra	Cerveau. Épiphyse : secrète la mélatonine (agit sur la pigmentation), joue un rôle dans la reproduction, dans le cycle menstruel chez la femme.	Problèmes psychomoteurs, céphalées, dermatologiques.	Irréaliste, déconnexion avec la réalité. Mysticisme exagéré. Comportement psychique grave, esprit obtus. Rigidité intellectuelle. Fanatique.

- **L'énergie perturbée**

Quand les chakras sont mal équilibrés (sous alimentés ou suralimentés), cela entraîne des conséquences néfastes. Tout ce que nous vivons retentit sur les chakras. Les problèmes non résolus, les frustrations provoquent un blocage à un ou plusieurs niveaux. Cela risque d'entraîner des difficultés physiques, émotionnelles et mentales.

- **Restaurer l'équilibre**

Pour restaurer l'équilibre, il faut chercher dans quel chakra se situe l'obstacle et utiliser l'élixir de cristal qui peut y remédier.

Exemple : le 1er chakra, quand il est déséquilibré, provoque au niveau psychologique des troubles de la concentration, la personne a peu de sens des réalités, elle a des attitudes négatives dans la vie. Au niveau physique, cela peut engendrer des problèmes de jambe et du système génito-urinaire. L'utilisation de l'élixir de grenat permettra de rectifier l'énergie du chakra perturbé.

4. L'action des élixirs de cristaux sur les chakras

Les élixirs de cristaux sont des agents d'équilibres pour les chakras. Ils agissent de manière holistique sur le plan physique, psychologique et spirituel. En rééquilibrant les chakras, on peut améliorer significativement de nombreux états de mal-être physique et psychologique.

Le tableau ci-dessus vous permet de connaître les élixirs de cristaux que vous devez utiliser pour rectifier la perturbation d'énergie d'un chakra.

	Chakra en Faiblesse	**Chakra en Hyperactivité**
Chakra Racine	Grenat, tourmaline noire	Saphir, lapis-lazuli
Chakra Sacré	Citrine, baryte, quartz rutile	Aigue-marine, amazonite
Plexus Solaire	Chalcopyrite, citrine	Améthyste, lapis-lazuli
Chakra du Cœur	Tourmaline verte, émeraude	Saphir, quartz rose
Chakra de la Gorge	Aigue-marine, lapis-lazuli	Citrine, chalcopyrite
Chakra du 3è œil	Améthyste, lapis-lazuli	Chalcopyrite, cristal de roche
Chakra du Sommet	Cristal de roche, citrine	Améthyste, lapis-lazuli

VIII. L'AURA

L'aura est l'enveloppe énergétique qui entoure le corps de tout organisme vivant. C'est une bulle qui renferme le champ énergétique, protège la force vitale et permet à l'énergie de circuler dans le système vivant.

Lorsque l'aura est affaiblie par une maladie ou un chagrin, elle est incapable de conserver toute son énergie. La personne aura sans doute des problèmes de santé au niveau physique ou psychologique.
Un champ énergétique fort et viable protège des invasions extérieures, qui peuvent prendre la forme d'une attaque psychique ou même d'une affection physique. Il est possible de fortifier une aura faible par les élixirs de cristaux.
Chez l'homme, l'aura est constituée de plusieurs couches d'énergie subtile. Chaque couche sert de filtre à l'énergie vitale. On compte 7 corps énergétiques qui affectent chaque état de notre être. Ils existent à un niveau physique et progressent vers des couches d'énergie plus diversifiés et plus raffinées.
L'énergie part de la Terre, circule dans nos chakras inférieurs et affecte notre corps physique. Elle ancre notre esprit dans la réalité matérielle. Elle descend également du cosmos vers nos chakras supérieurs et affecte notre pensée, nos sentiments et perception spirituelle.
Les 7 couches de l'aura correspondent aux 7 niveaux qui façonnent notre être. En partant du haut, ce sont le divin, l'atmique, le causal, le mental, l'émotionnel, l'éthérique et finalement le physique. Tous ces corps sont enveloppés dans le fourreau de l'aura.
La composition de l'aura varie également avec chaque individu. La texture, comme la couleur et la taille, semble révéler la nature profonde d'une personne. Elle renseigne souvent sur son caractère, alors que la forme et la couleur expriment sa santé et son état émotionnel.

1. Les 7 corps de l'être humain

L'homme est donc constitué de 7 corps, le plus élevé étant le corps divin. Entre le corps divin et le corps physique, il existe cinq autres corps qui relaient l'énergie et l'organisent pour que tous les niveaux fonctionnement.

Les 7 corps sont :

1. Le corps physique (substantiel).
2. Le corps éthérique (de vie).

3. Le corps astral (émotions).
4. Le corps mental (pensée).
5. Le corps causal (âme).
6. Le corps atmique (christique).
7. Le corps divin (monade).

a. Le corps physique

C'est le corps matériel, il est relié au chakra racine. Il en rapport avec le règne minéral, que nous apprenons à maîtriser entre 0 et 7 ans, et qui est mortel. Le corps physique est aussi appelé corps d'expression, c'est la partie visible de l'immense iceberg que constitue l'être humain. Il a un rayonnement électromagnétique qui s'étend de 1 à 2 cm autour de lui. (Décelable avec différents appareils et notamment avec la caméra et la photo Kirlian).
Afin que le corps physique soit en bonne santé, il faut se nourrir sainement et d'une manière variée et équilibrée.
Il est important d'absorber des aliments ayant une haute vibration. Notre corps physique est précieux, d'où la nécessité de l'entretenir et de le nettoyer soigneusement. Il est conseillé de prendre, sous forme de cure, certains élixirs de cristaux (grenat ou de zircon) et de faire des automassages des chakras avec huiles de cristaux qui correspondent aux couleurs des chakras pour élever votre taux vibratoire. De plus, le corps physique se charge d'électricité statique et d'ions positifs.
Prendre l'élixir de zircon permet d'être protégé de ces nuisances.

b. Le corps éthérique

Ce corps est relié au chakra racine et chakra sacré. Il contient le programme d'organisation du corps physique et de l'énergie de vie. Il est en rapport avec le règne végétal et se maîtrise entre 7 et 14 ans. Le corps éthérique est le support des chakras, il est aussi le véhicule de l'essence vitale du corps.

Le corps éthérique a la forme du corps physique et son rayonnement s'étend de 5 cm jusqu'à 30 cm du corps physique. Il est très important puisqu'il nous protège contre toutes les maladies, c'est notre gardien des attaques extérieures.
La prise régulière des élixirs de tourmaline noire et de labradorite permet d'avoir un corps éthérique puissant.

c. Le corps astral

Ce corps est relié au plexus solaire. Le corps astral ou corps d'émotions est le miroir où se reflètent toutes les émotions. Il enregistre par les sens toutes les impressions et les messages de la vie et les communique au corps mental. Ce corps est en relation avec le monde animal et doit se maîtriser entre 14 et 21 ans. Il a un rayonnement aurique qui peut s étendre de 30 cm jusqu'à 1m 80 pour un corps physique en bonne santé. Le corps astral se dissocie très facilement du corps physique. C'est ce qui se passe chaque nuit pour tous les êtres humains, mais la majorité des gens n'est pas consciente du phénomène. La purification du corps astral est très importante pour la santé du corps et de l'esprit. Nous enregistrons certains messages qui sont de véritables pollutions psychiques. Tant que le corps astral est soumis à cette agression sensorielle, il ne peut s'apaiser et le système énergétique s'affaiblit.
Les élixirs de citrine et de chalcopyrite sont très conseillés pour le corps astral.

d. Le corps mental

Autour du corps astral se trouve le corps mental. Ce corps est le siège de l'intellect et de nos pensées. Il est relié au chakra cardiaque ou du cœur. Il permet aussi d'appréhender, de gérer le réel et de servir d'intermédiaire entre les étages qui lui sont inférieurs (plan physique, éthérique et astral) et les étages qui lui sont supérieurs (plan causal, mental supérieur et divin). Son rayonnement peut atteindre 4 m. Ce corps aurique doit se maîtriser entre 21 et 28 ans.

Quand on parle d'éveil, c'est surtout du corps mental dont il s'agit. Le principal travail du plan mental sera de rééquilibrer, grâce aux élixirs de cristaux, les deux hémisphères du cerveau, de manière à neutraliser l'hégémonie du mental concret rationnel dans notre existence. Le corps mental peut être le siège de la création de «Formes Pensées Négatives» résultat de nos obsessions ou craintes.
Les élixirs d'améthyste et de kunzite sont les élixirs de base pour équilibrer et renforcer le plan mental.

e. Le corps causal

C'est le corps de l'âme ou corps «spirituel». Il est relié au chakra de la gorge. Il est très important de purifier et de maîtriser le corps causal pendant la vie sur terre pour apporter une solution aux blocages ou aux traumatismes qu'il a accumulés. Il détient la totalité de notre histoire, les archives depuis l'origine de notre vie. On l'appelle aussi le corps karmique, car c'est lui qui organise les grands évènements de notre vie, les rencontres nécessaires, agréables ou non. Maîtriser son corps causal revient à maîtriser ses karmas. Le développement du corps causal est intimement lié à la plus ou moins grande «ouverture» du chakra coronal.
L'élixir de quartz rutile permet d'annuler les mémoires karmiques et de renforcer le corps causal.

f. Le corps atmique

Ce corps est relié au 3e œil. Il est aussi appelé mental supérieur. Au dernier stade de l'évolution d'un humain, toutes les énergies de l'être sont réintégrées dans le corps atmique. Ce corps est l'aboutissement de l'alchimie spirituelle. Il ne concerne que peu d'humains et l'aura de ce corps peut être planétaire, solaire ou galactique.

g. Le corps divin

Le corps divin est relié au 7e chakra. À ce niveau, toutes les énergies synthétisées au niveau du corps atmique se fusionnent dans l'Unité, qui s'exprime par le «je suis».

h. Les différentes perturbations des corps auriques

Des perturbations dans les corps énergétiques peuvent être, et sont très souvent, la cause de graves troubles de la santé ou du comportement. Toute personne prenant des drogues chimiques affaiblit considérablement ses corps auriques. À la suite d'agression de toute sorte (champs électromagnétiques, perturbations telluriques, déstabilisation mentale, etc.), la forme, la couleur et l'équilibre des corps énergétiques de l'aura peuvent être perturbés et modifiés. Des déchirures, des trous dans les «enveloppes» sont fréquents et provoquent des fuites d'énergie, des troubles, des déséquilibres.

i. Les nettoyages et les purifications par les élixirs de cristaux

Nous avons créé des élixirs de cristaux qui purifient, guérissent et réparent les corps auriques. Afin de garder vos corps auriques propres et libres de tout encombrement, nous recommandons de prendre quelques gouttes d'élixir de tourmaline noire deux fois par jour. Vous pouvez renouveler la prise chaque fois que vous en ressentez le besoin : en cas de fatigue soudaine ou de sentiment de lourdeur, de manque de concentration et de pensée confuse, ou de peur et de hantise inexplicables.

Les élixirs de cristaux font partis de ce que nous appelons l'hygiène énergétique, qui consiste à garder son système et son environnement énergétique aussi propres et non pollués que possible, pour maintenir l'équilibre nécessaire au bien-être et à la santé. Cela est particulièrement important dans le monde d'aujourd'hui, où de nombreuses personnes vivent des vies stressantes, dans un environnement énergétique pollué.

Tous les thérapeutes en bioénergie devraient apprendre à nettoyer, purifier, équilibrer et harmoniser les corps énergétiques.

Pour les thérapeutes, il est important d'effectuer ce «nettoyage» par la prise d'élixirs une ou deux fois par jour (matin et soir) ou lorsque l'on en ressent le besoin (perturbation inexpliquée), cela est suffisant pour rester en pleine forme, et ne pas laisser se développer des problèmes de santé.

Tableau des élixirs et des corps auriques

Corps auriques	Élixirs de cristaux
Corps éthérique	Tourmaline noire, labradorite
Corps astral	Chalcopyrite, citrine
Corps mental	Améthyste, kunzite
Corps causal	Quartz rutile

En cas d'accident ou chaque fois que l'on se trouve dans une situation douloureuse ou effrayante, il faut procéder à l'élimination du choc de son système énergétique par l'utilisation de remèdes vibratoires d'urgence tels que les élixirs de tourmaline verte et d'émeraude.

Protéger son aura de manière à éviter d'absorber d'être la proie des énergies d'autres personnes ou endroits, grâce à des élixirs de cristaux qui protègent l'aura, tels que les élixirs de tourmaline noire et de labradorite

2. Les décalages de l'aura

Une aura harmonieuse épouse parfaitement les contours du corps physique. Mais on constate souvent des décalages de l'aura, vers le haut, vers le bas, vers l'avant, vers l'arrière, vers le côté gauche ou droit. C'est le signe évident d'un déséquilibre qu'il faudra compenser avec les élixirs de cristaux. Il est important de veiller au bon centrage de son aura.

Lorsque l'aura est décalée vers le haut : cela met une évidence une spiritualité trop forte, la personne n'est pas connectée avec la terre mère, elle s'est éloignée du matériel et du concret. Le sujet a des difficultés à s'incarner dans la société.
Élixirs de cristaux : tourmaline noire, magnétite.

Lorsque l'aura est décalée vers le bas : le sujet est trop centralisé sur sa personne, son esprit rencontre des difficultés pour s'ouvrir aux énergies spirituelles. Le sujet est dans une phase d'involution.
Élixirs de cristaux : cristal de roche, citrine.

Les délatéralisations à gauche ou à droite : elles peuvent mettre en évidence des problèmes au niveau de l'anima ou de l'animus. Le sujet peut aussi être en conflit avec la mère ou le père. Difficultés à laisser la vie circuler librement en nous. Quelles parties de nous-même nous n'aimons pas, quelles parties de vie nous rejetons.
Élixirs de cristaux (gauche) : lapis-lazuli, aigue-marine.
Élixirs de cristaux (droit) : zircon, grenat.

Un décalage vers l'avant : la personne ne réfléchit pas avant d'agir et fait preuve d'un grand stress intérieur. Difficultés à gérer le monde extérieur.
Élixirs de cristaux : émeraude, tourmaline verte.

Un décalage vers l'arrière : le sujet n'a pas confiance en l'avenir. Les doutes intérieurs et les pensées mélancoliques sont importants. Problème d'incarnation.
Élixirs de cristaux : chalcopyrite, citrine.
D'un point de vue vibratoire, les élixirs de cristaux possèdent la particularité d'agir sur les enveloppes auriques. Par une attraction vers les zones de même fréquence, les élixirs peuvent agir sur les corps émotionnel et mental et y dissoudre les émotions qui y sont restées imprimées afin que l'aura redevienne puissante.

Les élixirs de cristaux et les décalages de l'aura

Décalage de l'aura	Élixirs de cristaux
Aura décalée vers le haut	Tourmaline noire, magnétite
Aura décalée vers le bas	Cristal de roche, citrine
Aura décalée vers la droite	Zircon, grenat
Aura décalée vers la gauche	Lapis-lazuli, aigue-marine
Aura décalée vers l'avant	Émeraude, tourmaline verte
Aura décalée vers l'arrière	Chalcopyrite, citrine

3. Les autres dysfonctionnements de l'aura

• **Les condensations** : elles sont souvent la cause d'une perte d'énergie due à de fortes émotions qui n'ont pu être gérées. C'est comme si une onde de choc avait ébranlé le corps énergétique. Ce dysfonctionnement aurique peut être d'origine émotionnelle mais aussi physique. Cette perturbation doit être rétablie rapidement car elle risque de provoquer des dégâts au niveau des organes et des différents systèmes du corps humain (système nerveux, digestif, immunitaire, sanguin, génital, urinaire, lymphatique, cardio-vasculaire).
Élixirs de cristaux : émeraude, tourmaline verte.

• **Les pertes** : ce phénomène est en fait une émanation d'énergie qui s'échappe de l'éthérique. Les raisons peuvent être dues à un choc émotionnel ou physique, un viol, un accident, une agression ou la prise de certaines substances chimiques. Les pertes d'énergies affaiblissent considérablement le corps éthérique mais aussi les autres corps auriques. Il est important d'intervenir rapidement.
Élixirs de cristaux : tourmaline noire, axinite.

• **Les crevasses** : ces perturbations sont souvent la marque de dissociations et de dérèglements importants dans le corps éthérique, mais aussi dans

les corps astral et mental. Elles sont souvent dues à des chocs psychologiques ou physiques répétés. Les crevasses se manifestent par des «trous» qui peuvent s'élargir très rapidement et ainsi perturber grandement le psychisme.
Élixirs de cristaux : zircon, magnétite.

- **Les blessures** : toute blessure subie par le corps a une répercussion automatique sur l'éthérique. On peut observer une sorte de cône, dont le point central se trouve sur l'organe ou les membres du corps. Dans les cas de coups ou de brûlures, les couleurs sont généralement bleutée ou violet foncé. Les blessures peuvent aussi être dues à une attaque psychique de la part d'une personne malveillante ou d'une entité.
Élixirs de cristaux : axinite, labradorite.

- **Le parasitage** : ce type de dysfonctionnement peut conduire jusqu'à la maladie grave. Le parasitage est la présence dans le corps éthérique d'un parasite qui a une identité indépendante de celle du sujet. Il peut malheureusement y avoir des quantités de causes, ce qui empêche de décrire clairement son apparence. Ce type de dysfonctionnement ne se manifeste pas sur n'importe qui. Il est diagnostiqué sur une personne qui a un corps éthérique très faible mais aussi une grande faiblesse du corps astral.
Élixirs de cristaux : tourmaline noire, hémimorphite.

Dysfonctionnement de l'aura	Élixirs de cristaux
Les condensations	Émeraude, tourmaline verte
Les pertes	Tourmaline noire, axinite
Les crevasses	Zircon, magnétite
Les blessures	Axinite, labradorite
Le parasitage	Tourmaline noire, hémimorphite

IX. LE BIOCHAMP

Le biochamp est la version scientifique de l'aura.

Depuis de nombreuses années, des chercheurs russes et français, dont notamment Jean-Pierre Garel, biologiste, docteur ès Sciences, directeur de recherches au CNRS et conseiller du centre de biophysique de Clermont-Ferrand jusqu'en 1994, ont réalisé de nombreuses recherches sur les énergies du corps humain. Leurs travaux ont permis de détecter le biochamp.

Le biochamp est le rayonnement du corps éthérique, il forme tout autour du corps une série de couches successives qui s'emboîtent les unes dans les autres à la manière de poupées russes. Le biochamp est particulièrement sensible aux influences extérieures.

Pour les chercheurs en énergétique, le biochamp du corps humain est à l'image d'une antenne multidimensionnelle, capable d'entrer en contact par résonance avec de très nombreux signaux traversant son espace d'appréhension ou de captage.
C'est ce qu'ont constaté de nombreux bio énergéticiens, notamment en géobiologie. Le biochamp se dilate dans un milieu propice à la vie et se contracte sous l'influence de pollutions, de nuisances extérieures.

La contraction-dilatation du biochamp permet de mesurer la nocivité ou la positivité des influences extérieures (réseau électrique, électromagnétique, tellurique, ondes de forme…) ou des certaines substances (compléments alimentaires, élixirs et huiles de cristaux, phytothérapie, huiles essentielles, médicaments allopathiques ou homéopathiques).

Les outils de diagnostic sont divers : antenne de Lécher, photos Kirlian, pendules spéciaux. Ces outils sont précieux et indispensables pour détecter les dysfonctionnements du biochamp.

Ce qui est positif ou négatif pour votre énergie vitale
L'expérience acquise par nos innombrables mesures nous permettent de faire les constatations suivantes, sans toutefois les généraliser à 100 % en raison des différences entre les personnes.

Ce qui augmente le biochamp :

- Plus une substance a un taux vibratoire important, plus le biochamp est grand.
- Être en contact avec des produits et matériaux naturels.
- Les aliments issus de l'agriculture biologiques et crus.
- Les aimants naturels.
- La pratique de la relaxation, la méditation, la lithothérapie, le shiatsu, la sophrologie.
- La musique classique, sacrée.
- Les élixirs et huiles de cristaux.
- Certaines substances homéopathiques mais pas toutes, la phytothérapie, les huiles essentielles.
- Les pensées positives, la paix intérieure, l'amour de son prochain.

Ce qui diminue le biochamp :

- Une substance ayant un taux vibratoire faible va perturber automatiquement le biochamp.
- Être dans un endroit géopathogène (courant d'eau, failles, réseaux telluriques), les pollutions atmosphériques.
- Tous les rayonnements électriques, électromagnétiques.
- Tout ce qui est en métal (sauf argent, cuivre, or, platine), autour du cou, du bras ou d'un doigt.
- Tous les produits synthétiques issus de l'industrie pétrochimique.
- Les antibiotiques, les vaccins, les médicaments chimiques.
- Le sucre raffiné, le café, le tabac.

- Les aliments cuits au four micro-onde.
- Les aliments industriels et raffinés.
- Les pathologies physiques et psychiques.
- Les plombages au mercure.
- Les prothèses à l'intérieur du corps.
- Le téléphone portable.
- Les ordinateurs.
- L'abus de médicaments psychotropes, de drogues et d'alcool.
- Les pensées négatives, la haine, les colères.
- L'arrivisme, l'égocentrisme.

Le biochamp est notre armure énergétique de protection. Il est donc important qu'il soit puissant. Les conseils ci-dessus ne sont pas exhaustifs mais ils regroupent l'essentiel des informations que vous devez connaître afin de conserver un biochamp puissant. Les élixirs de tourmaline noire et de cristal de roche sont deux alliés pour la santé de votre biochamp.

*

CINQUIÈME PARTIE

L'ÉNERGÉTIQUE CHINOISE ET LES ÉLIXIRS DE CRISTAUX

On appelle «énergétique chinoise» le système de compréhension du corps selon l'énergie et ses relations avec les organes et les émotions, sa circulation dans les méridiens à l'intérieur et ses relations à l'extérieur, les saisons, les climats, les couleurs, les cristaux, les aliments. L'énergétique chinoise a donné lieu à divers systèmes de soins médicaux et de prévention populaire, dans une tradition souvent familiale transmise de génération en génération depuis des millénaires.

L'intérêt de l'énergétique chinoise et de la lithothérapie est d'utiliser différents élixirs et huiles de cristaux afin d'harmoniser le système énergétique dans son ensemble. Cette pratique permet à l'organisme de retrouver son équilibre et d'améliorer jour après jour sa santé.

L'énergétique chinoise s'inscrit dans un système philosophique cohérent qui englobe l'homme dans sa totalité mais aussi dans le cosmos. Ce qui préexiste à tout représente le Tao, essence et énergie de toute chose. Le Tao se synthétise dans la loi du Yin et du Yang sur laquelle reposent l'origine et la manifestation de toute chose.

C'est par la philosophie que vient se placer le Taoïsme. Le Taoïsme n'est pas une religion mais une philosophie chinoise vieille de plus de 2 500 ans. Cette philosophie est construite sur la base d'un principe essentiel, celui du macrocosme et du microcosme.

Elle se concentre sur trois axes fondamentaux :

- le Yin et le Yang,
- les cinq éléments,
- l'unité du corps et de l'esprit.

Est-il besoin de dire à quel point la concordance optimale du Yin et du Yang est essentielle à la santé de l'être humain ?

La moindre rupture de cette harmonie conduit à la discordance, laquelle se manifeste par un malaise tant physique que psychique. L'un ne peut être affecté sans que l'autre ne soit touché, puisque le Tao consacre l'unité du corps et de l'esprit.

L'homme existe entre deux pôles fondamentaux, celui du Ciel et de la Terre. Pour les Chinois, il doit être un catalyseur, un transformateur, un point de rencontre entre les énergies cosmiques et les énergies telluriques.

- La terre, l'énergie tellurique est ce qui est en bas, en dessous de l'homme. C'est ce qui est concret, mesurable, lourd et dense.
- Le ciel, l'énergie cosmique est ce qui est en haut, au-dessus de l'homme. C'est ce qui est non mesurable, impalpable, éthérique et léger.

Les anciens Chinois ont nommé ces deux pôles inverses mais complémentaires : Yin pour tout ce qui est en rapport avec les caractéristiques de la Terre et Yang pour tout ce qui en rapport avec les caractéristiques du Ciel.

L'homme se situe entre ces deux énergies, il est le point central de cette rencontre. L'homme a donc en lui les deux polarités, le Yin et le Yang. Elles se manifestent chez lui à travers le corps pour le Yin et l'esprit pour le Yang.

Le Yin et le Yang sont deux forces complémentaires. La recherche fondamentale de l'homme est celle de l'harmonie entre ces deux énergies.
À partir du Yin et du Yang, les Chinois ont observé la nature et la vie et ils

ont constaté que toute chose dans notre univers avait des caractéristiques Yin ou Yang.

Voyons ici le caractère Yin ou Yang de quelques concepts ou phénomènes selon lesquels des forces opposées de la nature s'expriment par couples complémentaires.

YANG	YIN
Energie positive	Energie positive
Principe masculin	Principe masculin
Soleil	Lune
Milieu externe	Milieu interne
Vie	Mort
Plus	Moins
Lumière	Obscurité
Chaud	Froid
Dur	Mou
Energie	Matière
Ciel	Terre
Expansion	Contraction
Ouvert	Fermé
Superficiel	Profond
Haut	Bas
Est	Ouest
Sud	Nord
Couleurs vives	Couleurs sombres
Plénitude	Vide

I. LES 5 ÉLÉMENTS

Héritage de la sagesse extrême orientale et fruit de l'observation millénaire des chinois, les cinq éléments, le Feu, la Terre, le Métal, l'Eau et le Bois, sont

issus de l'univers dans lequel évolue l'homme, et chacun est associé à deux organes Yin et Yang complémentaires.
Ces éléments ont été dans un premier temps au nombre de quatre : le Feu, l'Eau, le Bois et le Métal. Les Chinois ont ensuite pris en compte un cinquième élément essentiel qui est la Terre.
L'élément Terre est le point central autour duquel tout s'articule.

Des cycles règlent les éléments qui tantôt se dominent et s'opposent. Par exemple :

- le feu enrichit la terre et fait fondre le métal,
- la terre donne naissance au métal et endigue l'eau,
- le métal alimente l'eau et coupe le bois,
- l'eau engendre le bois et éteint le feu,
- le bois nourrit le feu et couvre la terre.

Dans leur tentative d'expliquer l'univers, les orientaux ont soumis toute la gamme des expressions humaines à la théorie des cinq éléments. Tenant compte d'une certaine classification, ils utilisent une théorie pour établir une évaluation de la santé d'un individu. Si un individu salive beaucoup, fait des excès dans les sucreries, s'il est très soucieux et absorbé par ses pensées et s'il est vulnérable à l'humidité, on surveillera son estomac, sa rate et son pancréas, c'est-à-dire toute l'harmonie de son élément «terre»
Selon la théorie des cinq éléments, les orientaux ont établi des correspondances à l'intérieur des composantes du «chi» de l'énergie de l'univers.

Comment repérer son élément ?
Les différents tempéraments associés aux cinq éléments sont une trame d'identification des tendances dominantes de chaque individu et, à aucun moment un déterminisme. Vous devez essayer de repérer si une tendance générale vous correspond. Il est très rare de se sentir concerné par un seul élément. On se «retrouve» généralement dans deux éléments mais aussi dans trois ou plus.

Le tableau ci-dessous illustre bien l'omniprésence de cette loi. Il permet d'un seul coup d'œil d'avoir des informations précises.

TABLEAU DES 5 ÉLÉMENTS

		BOIS	FEU	TERRE	MÉTAL	EAU
NATURE						
	Orientation	Est	Sud	Centre	Ouest	Nord
	Saison	Printemps	Été	Transition	Automne	Hiver
	Climat	Vent	Chaleur	Humidité	Sécheresse	Froid
	Couleur	Vert	Rouge	Jaune	Blanc	Noir/Bleu
	Saveur	Acide	Amer	Doux	Acre	Salé
CORPS HUMAIN						
	Méridiens	Foie, vésicule biliaire	Cœur, intestin grêle	Rate, pancréas, estomac	Poumons, gros intestin	Rein, vessie
	Organes Yin	Foie	Cœur	Rate	Poumons	Reins
	Organes Yang	Vésicule biliaire	Intestin grêle	Estomac	Gros intestin	Vessie
	Organes des Sens	Yeux	Langue	Bouche	Nez	Oreilles
	Tissu corporel	Ligaments, tendons	Vaisseaux sanguins	Muscles (chair)	Peau	Os
	Émotion	Colère	Joie	Réflexion, inquiétude	Chagrin	Peur
	Aspect spirituel	Ame éthérique	Esprit	Intellect	Ame corporelle	Volonté
	Énergies harmonieuses	Imagination force active, chaleur humaine	Amour créativité, charisme, force intérieure	Harmonie intérieure-justice	Courage, lâcher prise, adaptabilité	Placidité, éveil, calme
	Énergies dysharmonieuses	Colère, haine	Impatience, caprice	Ruminer, soucis	Tristesse, dépression	Angoisse stress

Les Chinois, depuis des millénaires, font cinq rencontres avec leur thérapeute. On peut de façon similaire, favoriser l'énergie de nos organes et méridiens et augmenter notre bien-être en ayant recours à certains élixirs de cristaux.

La prise d'élixirs de cristaux à chaque intersaison est une alliée pour le bon fonctionnement de notre système énergétique (Voir chapitre : les élixirs de cristaux et les 5 saisons)

II. LES ÉLÉMENTS ET LES TEMPÉRAMENTS

Chaque individu est composé des 5 éléments mais selon un pourcentage différent. Il prédomine en chacun de nous un élément fondamental qui sera en grande partie le moteur de nos comportements et de nos émotions. En cas de déséquilibre, dû à un manque ou un surplus d'énergie au sein de cet élément, des troubles de santé peuvent apparaître. Le rôle du thérapeute est d'agir avec les élixirs et les huiles de cristaux sur le plan préventif et curatif pour rétablir et maintenir cet équilibre interne.

1. Le tempérament du type Bois

L'élément Bois correspond à la manière dont nous réagissons face au monde qui nous entoure.

Le type Bois a une personnalité extravertie, active et émotive. Spontané, il fait ce qui lui plaît et renonce à tout ce qui lui déplaît. Impulsif, il est quelquefois provocateur. Le sujet Bois aime le changement, le mouvement, la nouveauté mais il a du mal à se concentrer. Il aime se lever tôt et se sent en forme dès le matin. Il a volontiers une silhouette mince et une gestuelle vive. Très émotif, il vit à fleur de peau, dominé par son instinct, ses impulsions et

ses intuitions. De nature indépendante, il n'est pas toujours sociable. Il se met facilement en colère et il peut devenir facilement agressif et irritable.
Le type Bois a tendance à exagérer les problèmes, à se montrer impatient mais n'est pas rancunier.

Sur le plan de la santé
Le type Bois a souvent des problèmes de foie et de vésicule biliaire. Il peut souffrir de tendinite ou de contracture musculaire, d'éruption cutanée sur le visage ou le buste et a plutôt une tendance allergique. Les troubles souvent associés à cet élément sont les sueurs abondantes, la fatigue, les problèmes oculaires, les dorsalgies, l'insomnie, l'irritabilité.

Un déséquilibre psycho énergétique de l'élément Bois se traduit par :
- un laisser aller dans sa vie personnelle ou professionnelle avec des abus d'alcool, de drogues ou de nourritures,
- un manque d'activité corporelle et d'exercice entraînant un manque de souplesse des articulations,
- un trop grand contrôle sur son environnement et sur ses émotions susceptibles de générer un surcroît de stress.

Élixirs de l'élément Bois : tourmaline verte, émeraude.

2. Le tempérament du type Feu

L'élément Feu comprend à la fois «l'Esprit du Feu», lié aux relations que nous entretenons avec nous même et l'Univers, et «le Feu humain», correspondant à l'énergie que nous entretenons avec les autres.
Le type Feu a une personnalité extravertie, active mais non émotive. Il a un caractère sociable, aime les contacts et les gens. Sa voix est puissante, il parle beaucoup, apprécie les sorties entre amis. Il dépense beaucoup pour s'habiller, aime le luxe et les bijoux. Les femmes sont souvent provocantes et ne craignent pas d'être sexy. L'homme Feu aime monter son buste et retrousser ses manches.

Le sujet Feu a le sens pratique et du beau, c'est un passionné d'une grande curiosité et doué pour la communication. Lorsqu'il perd, son abattement est de courte durée. Dans des cas extrêmes, il peut se monter insouciant et prendre des risques exagérés. Le type Feu fait ce qui lui plaît comme le type Bois, mais se montre plus diplomate que lui. On le dit manipulateur mais il est franc. Il aime rire, faire des jeux de mots et a le sens de l'humour.

Sur le plan de la santé
La santé du type Feu est très Yang, cela correspond donc à des troubles cardio-vasculaire, à de l'hypertension artérielle ; des fièvres, des palpitations dues à cause d'une grande nervosité, des maux de tête, des ballonnements et des troubles digestifs, des sciatiques.

Un déséquilibre psycho énergétique de l'élément Feu se traduit par :

- des problèmes de communication en famille ou sur le lieu de travail,
- un sentiment d'insécurité et une faible confiance en soi,
- une énergie affaiblie par une trop grande fréquence de chocs émotionnels liés à des problèmes de l'enfance.

Élixir de l'élément Feu : grenat, zircon.

3. Le tempérament du type Terre

L'élément Terre se rapporte à la manière dont nous nous occupons de nous-mêmes et comment nous réagissons avec les autres.
Le type Terre est lymphatique, tempéré et sans excès. Il aime l'harmonie, la chaleur d'un foyer, les petites plutôt que les grandes réunions. Il a horreur des conflits, des disputes et préfère ménager les susceptibilités dans ses relations. Il partage et dialogue, ne cherche pas imposer ses idées et s'adapte aux situations. Il aime la vie et la bonne chère. Le sujet Terre a l'esprit rationnel, logique et pratique. Il est sérieux, travailleur, assidu, compatissant et sait écouter les autres. Par contre, il n'a ni l'imagination, ni la créativité des autres élé-

ments. Il est sensuel et a une très grande affectivité. Méthodique, il analyse tous les aspects d'une situation et prend plusieurs avis avant de se décider. Il se bloque vite mais n'agit pas de manière impulsive. Facilement sujet au stress, il a des tendances compulsives, abuse des sucreries et rumine sans cesse les mêmes idées.

Sur le plan de la santé

Le type Terre a des problèmes d'estomac avec acidité gastrique, il souffre de troubles digestifs, de diarrhées ou de constipation. Il a des troubles de sommeil liés à son anxiété et se plaint souvent de coups de pompes après un repas. Il prend volontiers du poids et présente des troubles de la circulation lymphatique. Les mauvaises habitudes alimentaires perturbent sa digestion. Il présente une mauvaise tonicité des muscles et des chairs liée au manque d'exercice.

Un déséquilibre psycho énergétique de l'élément Terre se traduit par :

- de l'anxiété,
- une sensation d'insécurité lorsque le sujet doit quitter son foyer,
- des troubles affectifs.

Élixirs de l'élément Terre : citrine, chalcopyrite.

4. Le tempérament du type Métal

L'élément Métal se rapporte à la manière dont on établit les frontières entre soi et le reste du monde, symbolisée notamment par notre façon de respirer. Cet échange d'air entre l'intérieur et l'extérieur peut-être harmonieux ou refléter nos luttes et blocages internes.

Le sujet Métal est émotif, introverti, n'osant pas aller directement au but. Il se décourage facilement et manque souvent de volonté. Il a besoin de sommeil, de repos et d'une vie équilibrée. Il n'aime pas les conflits, les soucis. Plutôt timide, il se met souvent en retrait.

Le tempérament Métal a tendance à la nostalgie, il préfère se replier dans le passé, plutôt que d'entreprendre pour l'avenir. Il a également de nombreuses qualités (romantique, hypersensible, poète, idéaliste) mais manque souvent d'énergie et de volonté, ce qui l'amène à se décourager très vite. Il a du mal à gérer les conflits et se sent souvent blessé par les remarques d'autrui. Par ailleurs, il est facilement taciturne et a tendance à la dépression.

Sur le plan de la santé
Le type Métal souffre d'épisodes dépressifs quelquefois associés à des troubles digestifs ou à des problèmes de peau. Il fait des angines à répétition, présente des problèmes pulmonaires aggravés si le sujet est fumeur. On le dit hypocondriaque de nature.

Un déséquilibre psycho énergétique de l'élément Métal se traduit par :

- des problèmes intestinaux qui affaiblissent son énergie,
- des problèmes émotionnels avec un sentiment profond de tristesse contenu et non exprimé,
- des problèmes pulmonaires.

Élixirs de l'élément Métal : cristal de roche, quartz rutile.

5. Le tempérament du type Eau

L'élément Eau est en correspondance avec la constitution de la personne, en particulier son héritage génétique qui se reflète dans la taille, les os, les cheveux, la gestuelle, le comportement….
Si la constitution est solide, la personne déborde d'énergie et peut réaliser tous ses projets. L'énergie que nous recevons de nos parents est liée à l'élément Eau ; nous l'épuisons ensuite progressivement au cours de notre vie.
Le type Eau est comme le Métal, introverti, mais sans le côté inerte et résigné. Il est très conventionnel. Le tempérament Eau contrôle ses émotions, il est romantique et préfère exprimer sa sensibilité dans l'étude du symbolisme, dans

les arts comme la musique ou le chant ; il est très auditif. Doué d'une grande faculté de concentration. Décisionnaire, il maîtrise ses choix, son avenir et ses connaissances. Il a le sens du mérite, de la tradition et de la hiérarchie.
Le type Eau ne supporte pas d'être assisté et trouve toujours le moyen de s'en sortir, face à un problème. Toutefois, un évènement particulier peut entraîner chez lui une remise en cause profonde de son existence et de ses choix de vie.

Sur le plan de la santé
C'est l'élément le plus Yin ; les troubles de santé seront des frissons, sensation de froid dans le corps, frilosité avec fatigue et manque d'énergie. Il souffre souvent de bourdonnements d'oreille, de problèmes liés aux reins ou à la vessie, de douleurs de dos et d'affection rhumatismale. Le bas du corps est plus fragile avec des poussées hémorroïdales occasionnelles. Le type Eau ne ressent pas la soif et à tendance à se déshydrater. Il abuse souvent de stimulants (café, alcool, drogues…)

Le déséquilibre psycho énergétique de l'élément Eau se traduit par :
- un surmenage physique ou intellectuel,
- une sensation de frilosité permanente,
- une énergie affaiblie par des traumatismes physiques ou émotionnels,
- l'abus de stimulants (café, médicaments, alcool, drogues).

Élixirs de l'élément Eau : saphir, lapis-lazuli.

TABLEAU DES ÉLÉMENTS ET DES ÉLIXIRS DE CRISTAUX

Eléments	Élixirs de cristaux
Bois	Tourmaline verte, émeraude
Feu	Grenat, zircon
Terre	Citrine, chalcopyrite
Métal	Cristal de roche, quartz rutile
Eau	Saphir, lapis-lazuli

III. LES MÉRIDIENS

L'homme, dans son volume et sa surface, se trouve être parcouru par un complexe réseau de lignes de forces, de canaux, que l'on nomme méridiens. L'ensemble peut être comparé à un circuit électronique conçu pour répartir l'énergie dans l'ensemble du réseau, tout en sélectionnant et en répartissant certaines fréquences vers des zones différenciées du circuit.

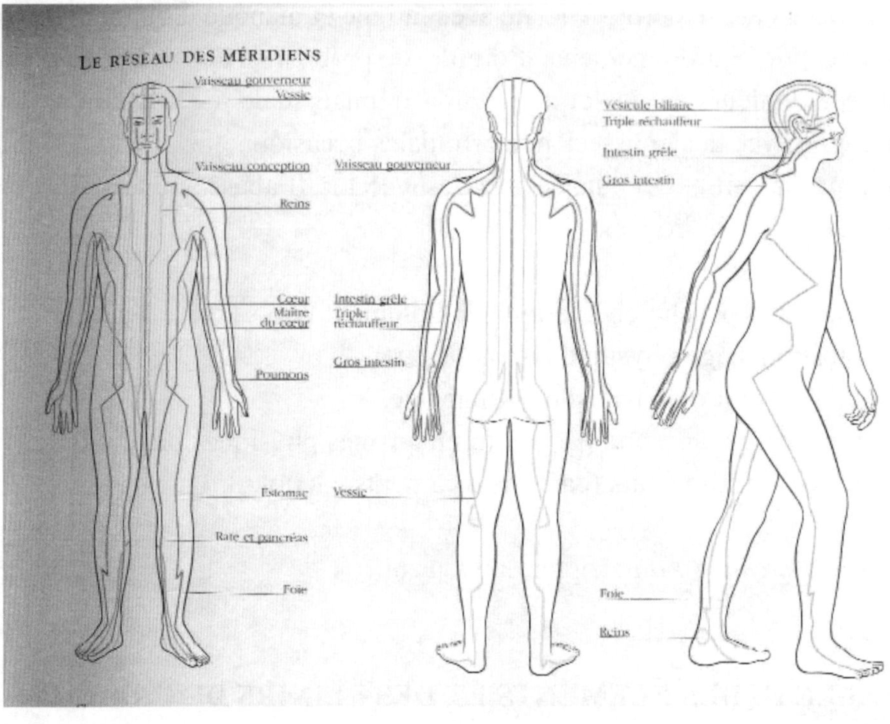

Les méridiens sont des lignes de forces électromagnétiques, supports de l'énergie vitale. Il existe 12 méridiens principaux qui appartiennent chacun à un organe. Ils sont bilatéraux et symétriques et font circuler notre énergie nourricière à un niveau profond de notre corps. On peut même les qualifier de bipolaires. Leur trajet commence ou se termine aux extrémités des membres. Les méridiens se suivent par paire opposée. Chaque méridien Yin est lié à un méridien Yang. L'un correspond à un organe creux et l'autre à un organe plein. L'énergie circule de la façon suivante :

- Poumon (organe Yin) et Gros intestin (viscère Yang).
- Estomac (viscère Yang) et Rate-Pancréas (organe Yin).
- Cœur (organe Yin) et Intestin grêle (viscère Yang).
- Vessie (viscère Yang) et Reins (organe Yin).
- Vésicule biliaire (viscère Yang) et Foie (organe Yin).
- Maître de Cœur (Yin) et Triple réchauffeur (Yang).

Il y a aussi le Vaisseau Conception qui se situe devant le corps et le Vaisseau Gouverneur qui se situe derrière le corps. Ces deux méridiens, avec le Maître du Cœur et le Triple Réchauffeur, permettent une synthèse des activités physique, mentale et spirituelle.

Méridiens	Début	Fin
Poumons	P1, creux de l'épaule	P 11, coin de l'ongle du pouce
Gros intestin	G1, coin de l'ongle de l'index	GI 20, aile externe de la narine
Estomac	E1, sous l'œil	E 45, coin de l'ongle du deuxième orteil
Rate-Pancréas	RP 1, coin externe de l'ongle du gros orteil.	RP 21, 6e espace intercostal sous l'aisselle.
Cœur	C1, creux de l'aisselle	C9, coin interne de l'ongle de l'auriculaire
Intestin grêle	IG 1, coin externe de l'ongle de l'auriculaire	I G 19, près du tragus de l'oreille
Vessie	V1, coin interne de l'œil	V 67, coin externe de l'ongle du petit orteil
Reins	R1, milieu de la plante des pieds	R 27, sous la clavicule
Maître du Cœur	MC 1, un doigt à l'extérieur du mamelon	MC9, coin de l'ongle majeur
Triple réchauffeur	TR1, coin de l'ongle de l'annulaire	TR23, à l'extrémité des sourcils
Vésicule biliaire	VB1, à l'angle externe de l'œil	VB 44, coin de l'ongle du quatrième orteil
Foie	F1, coin interne de l'ongle du gros orteil	F14, 6e espace intercostal le long du sternum
Vaisseau Conception	VC1, entre le scrotum et l'anus	VC 24, à l'emplanture des incisives inférieures
Vaisseau Gouverneur	VG 1, entre la pointe du coccyx et l'anus	VG 27, à l'emplanture des incisives supérieures

Méridiens	Fonctions	Problèmes physiques	Problèmes psychiques
Poumons	De la santé des poumons dépend celle du corps entier. Contrôle l'énergie vitale et la peau.	Affections pulmonaires, Rhumes, douleurs aux épaules, asthme, douleurs aigues en liaison avec le pouce, oppressions dans la poitrine.	Source d'anxiété, mélancolie dépressif, susceptibilité excessive, relation difficiles avec autrui, intolérance.
Estomac	Régit le fonctionnement de l'estomac, l'œsophage, duodénum, relation sexuelle, cycle menstruel, sécrétion du lait maternel.	Problèmes digestifs, vomissements, anorexie, bâillements, fatigues, hyperacidité gastrique, soif anormale, sensation de froid.	Boulimie, stress, difficultés à lâcher prise, peur de manquer, peur de ne pas pouvoir contrôler certaines situations.
Gros intestin	Élimine les déchets produits par la digestion, il a donc un rôle important pour éliminer toutes les toxines de l'organisme.	Sécheresse des voies nasales, faiblesse des bronches, prédisposition aux diarrhées, phénomènes inflammatoires.	Mauvaise humeur, peu autonome, dépression, chagrin, possessivité, peurs de s'engager.
Rate/ Pancréas	Régit la digestion, les processus enzymatiques, contrôle l'action de la bile, les sécrétions de l'intestin grêle, les hormones sexuelles féminines.	Troubles digestifs, douleurs abdominales et du bassin, problèmes liés aux extrémités, perte d'appétit, rigidité du gros orteil.	Egocentrisme, veut toujours avoir raison, peu indulgent, rancuniers. Mauvaise humeur, peu autonome, incapable de prendre des décisions.
Cœur	Régit la circulation du sang, détermine l'état général de l'organisme. Gouverne les émotions à travers les cinq sens et le cerveau.	Troubles cardiaque de la myocarde, moiteur des mains, langue pâteuse, fatigue chronique.	Anxiété et angoisses chroniques, mélancolie, dépression.
Intestin grêle	Assimile le bol alimentaire, conditionne le fonctionnement de tout l'organisme.	Digestion difficile, constipation, anémie, lombalgies, sciatique, mauvaise circulation du sang, cycles menstruels irréguliers, migraines, problèmes auditifs ou visuels.	Mélancolie, lunatique, dépression, fatigue mentale, défaitisme.
Vessie	Régit le fonctionnement des organes liés à l'épuration et à l'élimination de l'urine.	Douleur dans la nuque, le thorax, contraction des muscles des épaules, congestion nasales, troubles liés à la vessie ou à la prostate	Amertume, anxiété, irritabilité, nervosité, insomnie, excessivité caractérielle, mental confus.

Méridiens	Fonctions	Problèmes physiques	Problèmes psychiques
Rein	Circuit métabolique. Régit le fonctionnement du système endocrinien, purifie le sang, prévient l'apparition de l'acidose, renforce la résistance au surmenage mental.	Peau sèche, fragilité des os, des tissus de la cornées, mauvaise circulation du sang, provoque les lombalgies, déséquilibre les organes génitaux.	Fatigue chronique, impatience, tendance à se plaindre, hypersensibilité et une incapacité à prendre des décisions
Maître du Cœur	Régit les fonctions circulatoires liées aux artères coronaires et la fonction sexuelle (physique et psychique).	Affections cardio-vasculaires, hypotension artérielle, douleurs liées aux thorax, problèmes circulatoires, vasculaire. Problèmes d'impuissance ou de frigidité.	Emotivité excessive, manque de concentration, sommeil agité, insomnie, réveils nocturne, anxiété, sexualité excessive.
Triple réchauffeur	Circuit métabolique. Recueille et régularise l'énergie vitale. Il dirige l'appareil circulatoire, digestif, génito-urinaire.	Perte d'énergie, problèmes sanguins, digestifs et du système génito-urinaire, constipation, sudation soudaine.	Fatigue mentale, soucieux, manque de concentration et de stimulation, distrait, indifférence.
Vésicule biliaire	Régit la purification des énergies. Indispensable à l'absorption des substances nutritives. Participe à la régulation thermique.	Teint livide, douleurs hépatiques et articulaires, transpiration excessive, fatigue oculaire, digestion difficile, tendance à la constipation, névralgie, accumulation de tissus adipeux, aérophagie, hyperacidité gastrique.	Emotivité, timidité, indécision excessive, problèmes d'insomnie, fatigue mentale, irritabilité, impatience.
Foie	Réserves de substances nutritives et d'énergie nécessaire a l'activité physique, renforce le système immunitaire et purifie le sang.	Maux de tête, digestion difficile, troubles hépatiques, hémorroïdes, troubles de la prostate, hyperglycémie, inflammation des organes génitaux féminins, vertige, anorexie, faiblesse sexuelle, impuissance, intoxications, contraction musculaire.	Colère, entêtement excessif et tendance à l'exagération, impatience, violence, fragilité émotionnelle, tendance à l'indécision, à l'intolérance et à l'irritabilité.
Vaisseau Gouverneur	Contrôle et collecte les énergies des méridiens Yang.	Maux de tête, asthme, eczéma, système ORL défaillant, contracture dorsale, frigidité, impuissance, épilepsie, hémorroïdes.	Dépression, surexcitation mentale, psychose, schizophrénie. Problème avec son 'animus'.
Vaisseau Conception	Contrôle et collecte les énergies des méridiens Yin.	Fatigue générale, système digestif, génito-urinaire, pulmonaire, frigidité, impuissance, problème de règles.	Dépression, irresponsabilité, manque d'ancrage à la terre. Problème avec son 'anima'.

Les orientaux ont illustré les douze méridiens principaux, en six Yin et six Yang, en les situant de façon bilatérale le long du corps.

YANG (superficiel)	YIN (profond)
Gros intestin	Poumons
Estomac	Rate-Pancréas
Intestin Grêle	Cœur
Vessie	Reins
Triple réchauffeur	Maître du cœur
Vésicule biliaire	Foie

L'énergie circule dans les méridiens en un cycle complet de 24 heures. Les méridiens sont en **plénitude** ou en **déplétation** durant 2 heures. L'énergie suit également le rythme saisonnier d'où la théorie des cinq éléments. Il faut voir dans le phénomène de l'énergie et de sa circulation une similitude entre l'organisme et l'univers puisque ce cycle circadien dépend, en fait, de la rotation de la Terre. La maladie trouve son origine dans la perturbation de l'énergie. **Les points d'acupuncture sont des zones privilégiées pour rétablir la circulation d'énergie lorsque le cycle organique n'est plus en accord avec les cycles cosmiques**. Un déséquilibre de l'énergie peut provenir d'un excès de Yin ; on observe alors un manque d'énergie ; il convient de tonifier (action Yang). L'inverse peut aussi se produire ; il y aura donc excès de Yang, c'est-à-dire trop forte concentration d'énergie ; il s'agira de régulariser l'énergie en la dispersant par apport de Yin. Dans les deux cas, les polarités énergétiques Yin et Yang seront rééquilibrés.

1. Le cycle énergétique

Au cours d'un cycle de 24 heures, chaque méridien atteint une intensité maximale d'énergie. Chaque méridien a donc un pic qui dure deux heures. Lorsqu'il existe une dysharmonie de l'énergie, la fonction ou l'organe correspondant est alors perturbée davantage. Observer l'heure d'apparition des symptômes au cours de la journée revêt donc de l'importance puisque cela peut indiquer un déséquilibre du méridien correspondant. Les réveils nocturnes sont aussi le signe d'une perturbation énergétique. Une personne ayant des réveils nocturnes à 2 heures du matin est le signe d'une perturbation au niveau du méridien du foie.

Le tableau ci-dessous indique les heures auxquelles l'énergie atteint son paroxysme dans chacun des méridiens principaux.

Méridiens	Heures
Foie	1h à 3h
Poumons	3h à 5h
Gros intestin	5 h à 7 h
Estomac	7h à 9h
Rate-Pancréas	9h à 11h
Cœur	11h à 13h
Intestin Grêle	13h à 15h
Vessie	15h à 17h
Reins	17h à 19h
Maître du cœur	19h à 21h
Triple Réchauffeur	21h à 23h
Vésicule Biliaire	23h à 1h

Les élixirs de cristaux permettent de régulariser l'énergie des méridiens sans contrainte des heures actives de chaque méridien. Il suffit de prendre 30 gouttes le soir, et l'élixir agira à l'heure spécifique du méridien.

2. Le stress et le déséquilibre des méridiens

En présence d'un stress, on note souvent un déséquilibre énergétique des méridiens. Ce qui empêche le corps et l'esprit d'être en harmonie.
Il existe donc une relation entre chaque méridien et certaines émotions positives et/ou négatives.

Ces émotions sont causées par les idées, croyances et interprétations que nous avons à propos des événements et/ou des scénarios que nous vivons. La prise d'élixirs de cristaux permet de rétablir le fonctionnement de chaque méridien et ainsi d'agir sur certaines émotions. Il est important de faire une cure de 21 jours à raison de 30 gouttes d'élixir de cristaux par jour.

Méridiens	Émotions	Élixir de cristal
Poumons	Mépris, intolérance, préjugé.	Quartz rutile
Gros Intestin	Rigidité, culpabilité, déprime, tendance à vouloir tout contrôler.	Améthyste
Estomac	Déception, dégoût de la vie.	Tourmaline verte
Rate/Pancréas	Manque de concentration, soucieux, mélancolie.	Citrine
Cœur	Colère, agressivité, rancunier.	Émeraude
Intestin Grêle	Tristesse, sentiment d'être abandonné.	Kunzite
Vessie	Impatient, offensé, traumatisé, paniqué.	Lapis-lazuli
Reins	Peur, insécurité, infidélité.	Zéolite
Maître du cœur	Jalousie, remords, tension sexuelle.	Grenat
Triple réchauffeur	Dépression, anxiété, distrait, irresponsabilité.	Zircon
Vésicule biliaire	Rancœur, ressentiment, ne pas se sentir libre de ses choix.	Fluorite
Foie	Colère, révolte.	Tourmaline verte

3. Le dysfonctionnement énergétique des méridiens

Chaque méridien peut être en excès ou en déficit d'énergie. Les élixirs de cristaux permettent d'harmoniser l'un ou l'autre dysfonctionnement.

	Elixirs de cristaux	
Méridiens	**Méridien en excès**	**Méridien en déficit**
Poumons	Améthyste	Cristal de roche
Gros Intestin	Lapis-lazuli	Cristal de roche
Estomac	Émeraude	Chalcopyrite
Rate/Pancréas	Saphir	Citrine
Cœur	Lapis-lazuli	Grenat
Intestin Grêle	Tourmaline verte	Zircon
Vessie	Grenat	Lapis-lazuli
Reins	Zircon	Saphir
Maître du cœur	Améthyste	Grenat
Triple réchauffeur	Quartz rutile	Zircon
Vésicule biliaire	Grenat	Tourmaline verte
Foie	Zircon	Émeraude
Vaisseau Conception	Cristal de roche	Lapis-lazuli
Vaisseau Gouverneur	Améthyste	Grenat

Les cures de 21 jours d'élixirs de cristaux sont conseillées pour tous les dysfonctionnements.

IV. LES ÉLIXIRS DE CRISTAUX, LES ÉLÉMENTS, LES MÉRIDIENS ET LES SAISONS

La loi des 5 éléments est une loi fondamentale, qui exprime les rythmes saisonniers dont nous subissons les influences. Les Chinois depuis des millénaires font cinq rencontres avec leurs thérapeutes. On peut de façon similaire, favoriser l'énergie des méridiens et augmenter notre bien-être en ayant recours à la prise d'élixirs de cristaux.

La prise d'élixirs de cristaux, à chaque saison, est une alliée pour le bon fonctionnement de notre système énergétique.

Printemps. Élément BOIS. *Foie, Vésicule Biliaire*. Il est en rapport avec la qualité des composants de notre sang, et nous aide à mener le combat nécessaire à la vie. Il augmente notre seuil d'invulnérabilité vis-à-vis des éléments offensifs, tels les microbes, la paresse, le manque de confiance en soi. Un bon équilibre à ce niveau nous évitera de se faire "de la bile" et du mauvais sang pour pas grand chose. Il aide à lutter contre l'anxiété. Influence sur les yeux, les muscles, les ongles.
Élixirs de cristaux de l'élément Bois : tourmaline verte, émeraude.

Été. Élément FEU. *Cœur, Intestin Grêle, Maître du Cœur, Triple Réchauffeur*. Cet élément représente l'amour de la vie, de la création, par conséquent de tout notre environnement. Il correspond à la joie, la sagesse, à la paix intérieure, au bien-être physique et mental. Un déficit à ce niveau entraîne désespoir, neurasthénie, idées suicidaires, risques d'accidents cardio-vasculaires, hypo ou hypertension artérielle. Il est donc important d'arriver à un parfait équilibre à ce niveau. Influence sur les veines, les artères.
Élixir de l'élément Feu : grenat, zircon.

Été prolongé. Élément TERRE. *Estomac et Rate*. Il est en rapport avec la concentration, l'équilibre, la stabilité et la digestion. Influence sur la lymphe, la digestion.
Élixirs de cristaux de l'élément Terre : citrine, chalcopyrite.

Automne. Élément MÉTAL. *Poumons, Gros Intestin*. Il est en rapport avec l'élimination des déchets gazeux et solides. Il représente au plan psychique, le conformisme et l'organisation. Le déséquilibre entraîne la mélancolie,

voire la tristesse. Influence sur la peau, le nez, la gorge.
Élixirs de cristaux de l'élément Métal : cristal de roche, quartz rutile.

Hiver. Élément EAU. *Reins, Vessie*. Il est en rapport avec l'élimination des déchets liquides, mais aussi avec la stimulation des glandes surrénales. Ces glandes renforcent les défenses de l'organisme, redonnent courage et confiance et favorisent la prise de décision. Un déficit à ce niveau entraîne la peur et l'indécision. Influence sur les os, les dents, les oreilles.
Élixirs de cristaux de l'élément Eau : saphir, lapis-lazuli.

Afin de conserver un équilibre énergétique harmonieux des éléments et des méridiens, il est conseillé de prendre certains élixirs de cristaux à des périodes bien précises de l'année.
Exemple : pour harmoniser l'élément Bois et les méridiens du foie et de la vésicule biliaire, vous devez prendre l'élixir de tourmaline verte ou d'émeraude entre le 20 et 30 mars.

Les cures des 5 saisons se font sur 21 jours à raison de 30 gouttes d'élixir de cristal par jour.

Éléments	Saisons	Date / période	Méridiens	Elixirs de cristaux
Bois	Printemps	20-30 mars	Foie, Vésicule Biliaire	Tourmaline verte, émeraude
Feu	Été	20-30 juin	Cœur, Intestin Grêle, Maître du Cœur, Triple Réchauffeur	Grenat, zircon
Terre	Été prolongé	15 août au 30 septembre	Estomac et Rate	Citrine, chalcopyrite
Métal	Automne	20-30 septembre	Poumons, Gros Intestin	Cristal de roche, quartz rutile
Eau	Hiver	20-30 décembre	Reins, Vessie	Saphir, lapis-lazuli

SIXIÈME PARTIE

Le système immunitaire

Le système immunitaire est probablement notre meilleur allié contre la maladie. En quelque sorte, on peut l'imaginer comme notre force de guérison. C'est lui qui assure la lutte contre les infections courantes en saison froide, comme le rhume et la grippe, mais aussi les longs combats contre le cancer. Ainsi, santé et immunité sont intimement liées : prendre soin de sa santé permet d'améliorer son immunité, et vice-versa. Avoir un système immunitaire sain est non seulement un gage de santé, mais aussi de vie ! Sans système immunitaire, une banale éraflure deviendrait fatale puisque l'éraflure expose nos tissus à une foule de microbes étrangers présents dans l'air et sur la peau. Le système immunitaire est donc notre défense naturelle génétiquement programmée contre la maladie. Chaque jour notre organisme transforme entre 250 et 500.000 cellules en cellules cancéreuses. Seul un système immunitaire intact peut éviter la formation du cancer.

I. L'IMPORTANCE DU MODE DE VIE

Une personne qui présente des signes de faiblesse immunitaire, comme des rhumes à répétition, ou qui souhaite mieux se défendre contre les maux courants, devrait d'abord et avant tout se pencher sur son mode de vie. En effet, des données épidémiologiques indiquent que l'alimentation, le tabagisme, le sommeil, l'activité physique, le niveau de stress, la qualité des relations sociales et le milieu de vie (la pollution de l'environnement) sont tous des éléments qui influencent le système immunitaire.

II. LES SYMPTÔMES

La faiblesse immunitaire n'est pas facilement détectable. Voici tout de même quelques signes :

- une fatigue persistante, qui cache souvent un stress ou un manque de sommeil, deux facteurs qui affaiblissent l'immunité,
- une sensibilité accrue aux infections, qui s'observe par des rhumes fréquents, des infections urinaires, des crises d'herpès, des vaginites à répétition, etc.,
- des blessures qui prennent du temps à guérir ou à cicatriser.

III. LES PERSONNES À RISQUE

Les personnes dont l'organisme est affaibli pour l'une ou l'autre des raisons suivantes sont particulièrement concernées :

- une maladie chronique ou grave : le diabète, une maladie pulmonaire, un trouble cardiovasculaire, une maladie rénale, un cancer, etc.
- une chirurgie : la vulnérabilité aux infections augmente. Les infections nosocomiales posent d'ailleurs un problème important en santé publique.

IV. LES FACTEURS DE RISQUE

- La malnutrition. Une alimentation mal équilibrée en quantité ou en qualité est la plus importante cause de déficit immunitaire et rend vulnérable aux maladies infectieuses.
- Le vieillissement. L'âge est un facteur de fragilisation du système immunitaire. Bien que certaines personnes vieillissent en santé, les études démontrent que les infections, les maladies inflammatoires et le cancer sont plus fréquents chez les personnes âgées de plus de 65 ans.
- La sédentarité et à l'inverse, le surentraînement.
- Le manque de sommeil.
- Le stress. En situation de stress, les glandes surrénales sécrètent du cortisol et le système sympathique, de la noradrénaline, substances affaiblissent le système immunitaire.
- L'exposition aux toxines, notamment par l'utilisation de produits de nettoyage domestique chimiques et d'herbicides sur les pelouses, et par la consommation de fruits et de légumes vaporisés d'insecticides.
- L'exposition aux polluants atmosphériques extérieurs ainsi qu'à ceux qui se propagent à l'intérieur des habitations (moisissures, bactéries, tabac et gaz de combustion).
- Vraisemblablement l'obésité. Les personnes obèses seraient plus susceptibles aux infections, mais on ne peut en expliquer la cause.

Dans nos pays développés, on observe une carence nutritionnelle : **la carence en micronutriments**, ce qui veut dire la carence en vitamines et en minéraux. La popularité des aliments «vides» de type *junk food* explique en partie ce phénomène. La carence en micronutriments est, par ailleurs, commune chez les personnes âgées, qui ont souvent un faible appétit et une alimentation moins variée, tout comme chez les personnes diabétiques, en raison de leur maladie et des médicaments qu'elles doivent prendre pour la traiter. Des études sur des animaux démontrent qu'une déficience en un seul des micronutriments suivants pourrait affecter les fonctions immunitaires : le zinc, le sélénium, le fer, le cuivre, le calcium, l'acide folique ou les vitamines A, B6, C et E...

V. LE CONTRÔLE DU STRESS

Sans aucun doute, le stress a un effet néfaste sur la santé. Les chercheurs qui s'intéressent au lien entre le stress et l'immunité ne s'attardent pas au stress ponctuel, à court terme, mais plutôt au stress fréquent et constant (par exemple, concilier les exigences du travail à la vie de famille ou prendre soin d'un proche malade). Le stress chronique entraîne la libération d'hormones du stress, comme le cortisol. Ces hormones affectent directement à la baisse, les défenses immunitaires en inhibant la production de cytokines.

VI. LES PENSÉES POSITIVES

Une des clés pour expliquer la relation entre l'esprit et la santé physique est probablement le système immunitaire. L'étude des liens entre les pensées, les émotions et l'immunité a donné naissance à une nouvelle discipline : la psychoneuroimmunologie ou approche corps-esprit.

Des pensées négatives peuvent-elles affaiblir le système immunitaire ?

Notre système immunitaire est notre système de défense contre toute agression extérieure. Dès que nous vivons de la colère ou toute émotion agressive contre soi ou les autres, nous diminuons notre capacité de nous protéger contre ce qui se passe à l’extérieur. Les résultats d'observations menées en 2003 auprès d'un groupe de 42 sujets souffrant de troubles coronariens aigus ont révélé que les patients dont l'attitude était généralement hostile ou qui avaient été récemment exposés à des situations de stress, présentaient un taux élevé de monocytes. Ces globules blancs mononucléaires que les chercheurs associent de plus en plus à l'instabilité de l'activité plaquettaire, laquelle est responsable de divers troubles coronariens. Dans le cadre d'une autre étude menée auprès de 196 jeunes adultes (âgés de 20 à 35 ans) et 314 personnes âgées (de 70 à 85 ans), on a observé que le fait de «ruminer» des pensées négatives était détectable dans les paramètres de l'immunité (indépendamment de la qualité du sommeil et de l'état de tristesse).

VII. L'ANTIDOTE POUR LA FAIBLESSE DU SYSTÈME IMMUNITAIRE

L'amour aide à renforcer notre système immunitaire. On peut ajouter à l'amour tout ce qui apporte beauté, harmonie et joie de vivre. Ce qui est très intéressant à observer, c'est le rôle essentiel de la glande du thymus qui concerne l'immunité et qui est directement reliée au chakra du cœur. C'est une autre preuve que l'amour a un lien direct avec l'immunité. Nous pouvons donc en déduire que toutes les maladies causées par la faiblesse immunitaire représentent un avertissement, un message envoyé à la personne souffrante pour qu'elle remplace sa colère ou ses émotions négatives par de l'amour. De plus, et il est très important de le retenir : il est impossible d'être agressé de l'extérieur sans qu'il y ait au préalable de l'agression en nous. Cette loi s'avère très utile pour nous aider à prendre conscience ce qui se passe nous.

Nos élixirs ont une action immunostimulante. Ils agissent sur l'ensemble des cellules du corps humain et sur la sphère émotionnelle afin d'avoir un système immunitaire puissant. Les élixirs de zéolite, d'hémimorphite, de cristal de roche et d'émeraude sont des alliés pour l'immunité.

SEPTIÈME PARTIE

Les différentes actions des élixirs de cristaux

I. Les élixirs de cristaux et l'équilibre acido-basique

Le corps humain pour pouvoir vivre et fonctionner a besoin de certaines conditions bien précises, appelées constantes biologiques : température proche de 37°, composition du sang, pression artérielle... Il ne peut pas trop s'en écarter sans risquer de nuire, à sa santé d'abord, à sa vie ensuite. C'est la force vitale intelligente, l'homéostasie qui, jour et nuit, veille sur l'ensemble des phénomènes adaptifs permettant d'assurer l'équilibre physiologique de l'organisme, dont l'équilibre essentiel entre les acides et les bases.

Le pH est l'unité de mesure du degré d'acidité ou d'alcalinité (alcalin=base). Ce pH se mesure sur une échelle qui va de 0 à 14 : 7 représente donc la neutralité ou l'équilibre. En partant de la neutralité, (7), plus l'on va vers le 0 et plus c'est acide. Plus on va vers le 14, plus c'est basique (ou alcalin).

Un équilibre très précis de 7,40 (donc légèrement alcalin) pouvant varier de 7,35 à 7,45 doit être maintenu absolument au niveau sanguin. Or les conditions d'alimentation, de sédentarité et de stress de la vie courante font basculer 90 % d'entre nous dans la l'acidose... avec tous les dangers que cela représente pour notre santé ! Bien sûr, dans une certaine mesure, l'organisme peut éliminer les acides, mais l'excès transporté par le sang jusque dans nos tissus les plus profonds, est responsable d'un très grand nombre de troubles.

1. Conséquences de l'acidose (excès d'acide dans le sang)

Les acides, par eux-mêmes, sont agressifs pour tous nos tissus. Ils brûlent, enflamment, irritent : selon l'organe touché ils provoqueront gastrites, ulcères, colites, arthrites, artérites, goutte, migraines, arthrite dentaire, conjonctivites, insomnies, irritabilité...
Les acides auront des conséquences désastreuses sur nos réserves minérales, le corps devant absolument se protéger d'un excès d'acides, va tenter de les neutraliser avec des " bases ". Ce sont alors nos propres minéraux qui serviront de base ! L'organisme ira puiser jusque dans nos os et nos dents les minéraux nécessaires pour lutter contre l'invasion d'acides avec, pour conséquence, la déminéralisation. Celle-ci entraîne ensuite, une fragilité osseuse et dentaire mais aussi une baisse de la résistance et de la vitalité dont l'une des expressions la plus répandue est la frilosité.
Les acides neutralisés par les bases donnent par réaction chimique, des sels et de l'eau. Les sels, en excès, sont des minéraux devenus inutilisables par les corps et vont se déposer dans les zones les plus fragiles de notre organisme. Ils provoquent alors leurs propres pathologies sous forme de scléroses diverses : arthroses, becs de perroquet, fibroses, fibromes, mastoses, artériosclérose, calculs rénaux ou vésiculaires. L'alimentation est l'une des principales causes de l'acidose.

2. Le contrôle du pH

Le degré d'acidité ou d'alcalinité d'une substance dépend de sa concentration en ions d'hydrogène (H+). Nous exprimons cette concentration à l'aide d'une abréviation, du symbole pH suivi d'un chiffre.
Le pH est donc la valeur de mesure pour le degré d'acidité ou d'alcalinité. L'échelle de mesure va de 0 à 14. Le pH neutre indique un juste équilibre

entre les substances acides et basiques (alcalines). Le pH équilibré est de 7 à 7,2. Plus la concentration en ions d'hydrogène est forte et plus le pH est faible, donc plus l'acidité est présente. À l'inverse, plus la concentration en ions d'hydrogène est faible et le pH sera élevé. Le chiffre 0 représente l'acidité absolue, alors que le 14 représente l'alcalinité absolue.

Une personne ayant une alimentation saine, en bonne santé et bien équilibrée manifestera un pH urinaire d'environ 6,8. Dans notre civilisation moderne, la malnutrition, la suralimentation, le stress, les pensées négatives et l'agressivité sont à l'ordre du jour et favorisent une acidification du terrain.

En testant le pH urinaire, nous pouvons en règle générale déterminer si le corps cherche à se défaire d'un trop plein d'acides. Vous pouvez vous procurer des tests pour le pH dans toutes les pharmacies.

3. Les maux provoqués par un excès d'acidité

Un déséquilibre de l'acido-basique peut entraîner différents troubles dans votre organisme, comme par exemple :

- des rhumatismes, de l'arthrite, de l'arthrose, de l'ostéoporose,
- des brûlures d'estomac, des ulcères,
- des calculs rénaux et vésicaux,
- des problèmes cutanés (boutons, eczéma, herpès),
- des sinusites, des otites, des bronchites,
- des maux de tête, des migraines,
- des inflammations articulaires,
- une baisse du système immunitaire, de la fatigue,
- de la dépression, de la nervosité, de l'irritabilité.

Le terrain peut s'acidifier de différentes manières :

- par des pensées négatives, la colère, la violence, le stress, le surmenage, le manque de sommeil, la fatigue, la mauvaise oxygénation des

cellules, le manque de mouvement etc.
- par la surconsommation d'aliments acides,
- par la surconsommation d'aliments acidifiants,
- par un manque d'aliments alcalins,
- par la suralimentation en général,

4. Comment rétablir l'équilibre acido-basique ?

1. Par la prise d'élixirs de cristaux en cure de 21 jours.
2. En améliorant la qualité de vie par une recherche sur le sens de l'existence et celui de la maladie.
2. Par des exercices de respiration, promenade dans la forêt ou en montagne.
3. Par d'autres activités sportives et harmonieuses.
4. En diminuant l'apport d'aliments acides ou acidifiants.
5. En augmentant la consommation des aliments crus, tout en respectant sa propre capacité métabolique à l'égard des crudités.
6. En augmentant l'apport d'aliments alcalins.
7. En mangeant lentement, consciemment, dans le calme et en mâchant bien les aliments (ceci les rend plus alcalins).
8. En suivant une cure de désintoxication une, deux ou plusieurs fois par année pour régénérer le corps et l'esprit.
9. Indispensable : en buvant de l'eau de cristal avec du sel de l'Himalaya.

5. Les élixirs de cristaux pour équilibrer le pH du corps

- Élixir de zéolite.
- Élixir d'aigue-marine.
- Élixir d'axinite.
- Élixir de fluorite.
- Élixir de kunzite.
- Élixir de labradorite.

II. LES ÉLIXIRS DE CRISTAUX ANTI-STRESS

Le stress est la réponse émotionnelle et biologique de l'organisme à une agression. Cette agression génère des émotions qui peuvent déstabiliser notre fluide mental habituel, donc notre comportement dans la vie de tous les jours. Le stress peut être un ami (il stimule) ou un ennemi (il paralyse). Le stress est à l'origine de déséquilibres neuroendocriniens qui peuvent avoir des conséquences négatives sur tout l'organisme. Sous l'effet d'un stress prolongé, le niveau de certaines hormones s'élève durablement, ce qui affaiblit les défenses immunitaires et soumet le système cardio-vasculaire à une intense pression.

Le stress fait partie de la vie. Évitables ou non, les facteurs de stress sont multiples : chocs, agressions, changements, conflits, environnement hostile… sont autant de demandes d'adaptation auxquelles le sujet répond avec plus ou moins de réussite dans le présent, avec plus ou moins de conséquences sur son équilibre futur.

1. Les facteurs de stress

• **Les chocs** :
ce sont des traumatismes qui créent une perturbation dans l'organisme. Le choc, par excellence est émotionnel. Il est dû à un évènement ou une situation nouvelle qui surgit dans l'existence d'une personne.

Exemples : blessure, agression, maladie grave, séparation brutale, perte d'emploi, accident, deuil.

• **Les passages** :
ce sont des changements dans la vie d'une personne ayant un caractère social

ou psychologique. L'individu doit composer avec une image de lui-même, un domaine de définition, qui, plus ou moins brutalement de correspondent plus à ceux qu'il avait peu à peu élaborés (dysharmonie du sujet avec lui-même).

Exemples : passage de l'enfance à l'adolescence, passage de l'adolescence à l'âge adulte, entrée dans la vie active, déménagement, naissance d'un enfant, départ d'un enfant.

• **L'hyperstimulation ou l'hypostimulation** :
l'individu est sollicité à outrance dans différents contextes ou au contraire délaissé. Cette situation est pernicieuse et il y a un risque de dysharmonie latente du sujet avec les autres et son environnement.

Exemples : conflits personnels, problèmes familiaux, conflits professionnels, grosses charges de travail, désintérêt professionnel, solitude affective, isolement.

• **Les facteurs évènementiels** :
des évènements, même s'ils sont heureux ou du moins prévisibles sont des agents stressants.

Exemples : entretien d'embauche, réunions (prise de la parole), première rencontre, mariage, naissance.

• **L'environnement** :
les facteurs environnementaux peuvent également être la cause de stress.

Exemples : bruit, voisinage, pollution, promiscuité professionnelle.

2. Les trois phases de stress

• **Phase d'alarme** :
malmené, l'individu sollicite ses ressources pour répondre à la demande d'adaptation. De grandes quantités d'énergie (sécrétion d'hormones) sont dépensées.
Troubles : tension musculaire, crampes, troubles digestifs, maux de tête, fatigue, moral en dents de scie.
Le sujet fait face pour l'instant.

• **Phase de résistance** :
l'individu s'adapte encore, il résiste mais ces réserves d'énergie baissent. Le corps ne récupère pas du traumatisme et de la dépense d'énergie. De nouvelles sollicitations le touchent avant qu'il n'ait retrouvé son équilibre.

Troubles : pathologies fonctionnelles, saute d'humeur, baisse flagrante du moral, anxiété, somatisation.
Le sujet fait face mais dans la tension.

• **Phase d'épuisement** :
la situation perdure, l'individu s'épuise, ne s'adapte plus. Le stress s'installe devient chronique.

Troubles : pathologies fonctionnelles, organiques, psychologiques.
Le sujet ne fait plus face et il est grand temps de réagir.

Pour chaque cause ou manifestation de stress, vous trouverez des solutions faciles d'emploi, grâce aux élixirs de cristaux.

3. Les élixirs de cristaux anti-stress

Causes et manifestations du stress	Elixirs de cristaux
Angoisse	Tourmaline verte, aigue-marine
Anxiété, baby blues	Kunzite, quartz rose
Chocs émotionnels	Émeraude, tourmaline verte
Chômage	Quartz rutile, hémimorphite
Concentration	Citrine, cristal de roche
Déception sentimentale	Tourmaline verte, rhodochrosite
Déménagement	Grenat
Déprime	Kunzite, tourmaline verte
Deuil	Tourmaline verte, zéolite
Divorce	Émeraude, labradorite
Échec scolaire ou professionnel	Cristal de roche, citrine
Émotivité	Rhodochrosite, aigue-marine
Examen, entretien d'embauche	Chalcopyrite, fluorite
Fatigue nerveuse	Saphir, améthyste
Fatigue physique	Magnétite, grenat
Grignotage	Aigue-marine, saphir
Irritabilité	Labradorite, kunzite
Mémoire	Cristal de roche, citrine
Migraine	Cristal de roche, magnétite
Motivation	Chalcopyrite, grenat
Palpitations	Rhodochrosite, kunzite
Panique	Saphir, amazonite
Peau (eczéma, herpes, psoriasis, zona)	Hémimorphite, malachite
Peur des transport	Amazonite, kunzite
Sexualité	Grenat, zircon
Stress permanent	Tourmaline verte, rhodochrosite
Surexcitation	Saphir, améthyste
Surmenage intellectuel	Citrine, fluorite
Trac	Grenat, chalcopyrite
Timidité	Zircon, grenat
Transpiration excessive	Émeraude, cristal de roche
Travail	Chalcopyrite, citrine
Tristesse	Cristal de roche, citrine
Troubles digestifs	Zéolite, citrine

Posologie : 30 gouttes d'élixirs en sublingual (sous la langue) le soir pendant 21 jours, avant de se coucher.

Massage des méridiens avec les élixirs et les huiles de cristaux

La connaissance de quelques points d'acupuncture est également précieuse pour les différents stress, notamment le point du cœur à l'intérieur du poignet, le maître du cœur à l'intérieur de la main et le vaisseau conception entre les seins. Quelques gouttes d'élixirs de cristaux sur ces points sont idéales pour apaiser le corps et l'esprit. Vous pouvez aussi employer la méthode d'harmonisation des méridiens avec les huiles de cristaux (voir chapitre : Les huiles de cristaux).

III. LES ÉLIXIRS DE CRISTAUX ANTI-ÂGE

1. Pourquoi vieillissons-nous ?

Le vieillissement est constitué d'un ensemble de phénomènes qui altèrent progressivement l'ensemble des cellules de l'organisme par une diminution progressive des capacités d'adaptation au stress. Il commence dès la fin de la croissance et de la maturation sexuelle des individus.
Dès notre conception, nous sommes programmés par un code hérité de nos parents : le code génétique, intégré dans notre mémoire cellulaire. Notre durée de vie dépend de nombreux facteurs internes et externes programmés ou aléatoires et nous pouvons agir efficacement sur certains d'entre eux, à titre préventif et même tardivement.

2. Les radicaux libres et le vieillissement

Le vieillissement de l'organisme est provoqué par les radicaux libres. Il résulte de l'oxydation permanente de nos cellules qui finissent par ne plus pouvoir se renouveler. Les responsables de l'oxydation sont les radicaux libres. La formule chimique des radicaux libres est incomplète. Il leur manque un électron pour se stabiliser et laisser les autres cellules en paix. Les radicaux libres servent à protéger notre organisme contre les bactéries et virus qu'ils détruisent en les oxydant, participant ainsi à notre protection immunitaire. En quantité excessive ou incomplètement inactivés, les radicaux libres peuvent altérer toutes les cellules de l'organisme et principalement l'ADN de leur noyau. Leur accumulation est responsable de phénomènes pouvant accélérer le vieillissement ou provoquer l'apparition de maladies cardiovasculaires et de cancers.

Résultat : les radicaux libres n'ont de cesse de venir grignoter un petit bout de la cellule d'à-côté. Celle-ci devient instable aussi et se venge à son tour sur la cellule d'à-côté et ainsi de suite dans une désastreuse réaction en chaîne.
Les radicaux libres sont présents en grande quantité dans l'oxygène, les rayons ultraviolets, la fumée de cigarette, l'alcool mais aussi à l'intérieur de notre corps (les mitochondries).
Ce phénomène baptisé «stress oxydatif» peut-être accentué par de nombreux facteurs extérieurs comme toutes les formes de pollutions.

3. Quelques précisions sur la définition du stress oxydatif

La vie implique la production de produits toxiques : les pro-oxydants neutralisés par les anti-oxydants (oligoéléments, enzymes, vitamines). Lorsqu'il y a déséquilibre en faveur des pro-oxydants alors s'installe le stress oxydatif.
Ce stress oxydatif est à la source de nombreuses pathologies, telles que les complications du diabète, la bronchite chronique, l'arthrose, l'athérosclérose, le cancer, les maladies du système immunitaire.

Le stress oxydatif lié à l'apport d'oxygène nécessaire à la vie n'est pas isolé. À celui-ci s'ajoute le stress oxydatif lié aux radicaux libres provenant de l'agression tabagique, de l'alcool, de l'ozone, de la pollution atmosphérique et de la lumière solaire.

4. Les minéraux essentiels anti-âge

La lutte contre le vieillissement est le maintien de la teneur de l'organisme en oligo-éléments. Tous sont utiles mais certains sont plus essentiels que d'autres dans la lutte contre le vieillissement. Les élixirs de cristaux diffusent les minéraux essentiels dont votre corps a besoin. D'après nos recherches, cinq minéraux sont très importants comme le silicium, le zinc, le cuivre, le manganèse et le sélénium. L'association de ces cinq minéraux essentiels permet à l'organisme de lutter et de se régénérer face aux dégâts des radicaux libres.

a. Le silicium responsable du vieillissement

Le taux de silicium s'abaisse avec l'âge (de 50 % de 10 ans à 40 ans). La sclérose, le vieillissement sont liés à une chute du taux de silicium dans l'organisme. Il semble que l'assimilation des dérivés organiques ou minéraux du silicium au niveau intestinal diminue progressivement avec l'âge. Le processus de renouvellement du substrat morphologique du derme est lié à la présence du silicium qui est un élément constitutif du derme, de l'élastine et du collagène. Le silicium est également un puissant reminéralisant de la peau, des ongles et des cheveux, il redonne également tonus et vigucur à l'organisme en général, ralentit la chute des cheveux. C'est un puissant agent anti-vieillissement et anti-oxydant.
Tout au long de notre vie, nous subissons en permanence des agressions acides. Ce phénomène est particulièrement amplifié à notre époque par le style de vie moderne et par notre alimentation trop raffinée qui sont une source complémentaire d'électronisation. Le raffinage des aliments conduit à un terrain alcalin oxydé et, à travers lui, prépare l'apparition de maladies telles que le cancer, l'artériosclérose, le diabète, les troubles nerveux, ...

- **Le silicium et l'équilibre ionique**

Par définition, la molécule de silicium peut jouer un rôle de réducteur car elle est en constante recherche d'équilibre ionique à cause de sa structure électronique particulière. Cette propriété avait déjà été mise en avant par Norbert

Duffaut spécialiste de chimie organique et du Dr. Janet en 1960. Dans leurs travaux, ils avaient, en outre, démontré que ce rôle anti-oxydant du silicium était d'autant plus efficace qu'il possède la propriété de pénétrer très facilement dans l'organisme.
La concentration importante du silicium en électrons lui permet de jouer un rôle anti-oxydant, donc anti-vieillissement considérable.
Le silicium peut être considéré comme une réserve d'électrons disponibles. En donnant ses électrons aux cellules déficientes, le silicium va permettre aux cellules d'améliorer leur potentiel électrique.

• Silicium et les trois paramètres bioélectroniques
Le silicium permet d'agir sur les 3 paramètres bioélectroniques fondamentaux des liquides organiques, découvert par les travaux de Louis-Claude Vincent comme le sang, l'urine, la salive. Ces trois paramètres résument l'état de santé d'un organisme. Leur équilibre est indispensable pour notre santé.
L'élixir de cristal de roche sous forme de cure régulière, permet à votre corps de se recharger en silicium. (Voir : deuxième partie : Notions scientifiques importantes - La bioélectronique de Vincent et les élixirs de cristaux).

b. Le zinc

Le zinc est un oligo-élément essentiel de notre alimentation car il est nécessaire à l'activation de plus de 200 enzymes de notre organisme. C'est le premier vigile du système immunitaire, il est essentiel à la structure et aux fonctions des membranes cellulaires. Cet antioxydant permet de lutter contre les radicaux libres, il prévient les effets de dégénérescence liés au vieillissement.
Élixir de cristal conseillé : hémimorphite.

c. Le cuivre

C'est un minéral essentiel, nécessaire à la respiration. Le cuivre est indispensable à la synthèse de l'oxygène dans les globules rouges. Il est également important dans la production du collagène, dont dépend la santé des os, du

cartilage et de la peau. C'est aussi l'un des minéraux anti-oxydants qui protègent le plus des dégâts provoqués par les radicaux libres. Le cuivre est un allié des articulations et convient en cas d'affections rhumatismales. Il facilite la fixation du calcium et du phosphore. Le cuivre est aussi un puissant anti-infectieux et un allié pour le système immunitaire.
Élixir de cristal conseillé : chalcopyrite.

d. Le manganèse

Il participe à l'équilibre de nombreux enzymes et permet de lutter contre une baisse ou un déséquilibre hormonal. Nos systèmes biologiques sont sous la dépendance d'un réseau complexe de systèmes endocriniens interdépendants dont la défaillance d'un seul peut entraîner une dégénérescence organique en chaîne, comme la ménopause et ses nombreuses complications dont l'ostéoporose, ou bien encore une diminution de capacités des défenses immunitaires.
Élixir de cristal conseillé : rhodochrosite.

e. Le sélénium

Comme la plupart des oligoéléments, le sélénium joue un rôle-clé dans l'ensemble de notre organisme. C'est un antioxydant puissant. L'effet antioxydant du sélénium agit aussi en cas d'inflammation arthritique. Une étude récente a constaté un effet positif dans le cas de sujets souffrant d'inflammation systémique grave. C'est un allié de la glande thyroïde. Une carence en sélénium nuit à la production d'hormones thyroïdiennes. Immunostimulant, le sélénium est essentiel au bon fonctionnement du système immunitaire.
Élixir de cristal conseillé : amazonite.

5. La stratégie anti-âge avec les élixirs de cristaux

- Élixir de cristal de roche (silicium) : régénérateur cellulaire.
- Élixir d'hémimorphite (zinc) : stimule les réactions enzymatiques.

- Élixir de chalcopyrite (cuivre): indispensable dans la production de collagène.
- Élixir de rhodochrosite (manganèse) : harmonise le système endocrinien.
- Élixir d'amazonite (sélénium) : anti-oxydant puissant.

Il est recommandé de prendre régulièrement l'élixir de cristal de roche. Les autres élixirs doivent être pris pendant sept jours à raison de un par semaine. Vous devez faire un break thérapeutique pendant 15 jours et ensuite recommencer.

IV. LES ÉLIXIRS DE CRISTAUX ET LES TROUBLES DU SOMMEIL

Les élixirs de cristaux sont des alliés pour un sommeil régénérateur

Deux Français sur trois se plaignent de souffrir des troubles du sommeil. Le sommeil est indispensable à l'homme, il représente en moyenne un tiers de leur durée de vie : en 60 ans, l'homme passe 20 ans à dormir.
En privant l'organisme de sommeil sur une durée plus ou moins longue, celui-ci perd une partie de ses moyens physiques et intellectuels. Le sommeil est indispensable, il permet la récupération de la fatigue physique et nerveuse accumulées dans la journée, il est donc essentiel à une bonne qualité de vie et au bien-être de notre corps. Le sommeil est le facteur majeur de notre équilibre.
Chaque personne a son propre rythme concernant le sommeil, chacun d'entre nous a besoin d'un temps de sommeil qui lui est propre. La durée du sommeil est variable en fonction des individus, elle varie de 18 heures (gros dormeur) pour un nouveau-né à 5 heures pour certaines personnes (petit dormeur), la

durée du sommeil moyen est de 8 heures. Ces besoins en sommeil différents d'une personne à l'autre sont génétiquement déterminés et nous les héritons de nos parents.

Au cours de la journée, on observe deux périodes où l'organisme a une tendance naturelle à l'endormissement :

- la nuit, de minuit à sept heures du matin,
- dans le milieu de l'après-midi, entre quatorze et seize heures.

La privation de sommeil, même au cours d'une seule nuit entraîne un manque de sommeil qui va augmenter jusqu'à ce qu'un sommeil suffisant en qualité soit obtenu. La somnolence excessive apparaît lorsque ce manque de sommeil s'accumule.

Pendant le sommeil, le fonctionnement de notre corps se modifie. L'activité de notre cerveau, notre respiration, notre rythme cardiaque, notre tension artérielle, notre température corporelle, tout se modifie.

1. Les cycles du sommeil

Le sommeil est constitué d'une succession de 4 cycles de 90 à 120 minutes chacun. Le sommeil sera réparateur si et seulement si ces cycles se succèdent harmonieusement. À chaque cycle correspondent des rythmes cérébraux spécifiques.

Le cycle 1 : correspond à l'endormissement, au sommeil léger, au réveil facile : nous sommes encore très réceptifs au bruit et à tout ce qui peut perturber notre sommeil.

Le cycle 2 : l'activité du cerveau se ralentit toujours plus. C'est ce que nous appelons le sommeil lent profond. Ce sommeil est indispensable à la récupération de la fatigue physique. Si la personne se réveille pendant ce cycle, elle ne se souviendra pas de ses rêves.

Le cycle 3 : c'est une phase de transition vers le sommeil profond. Pendant cette phase de nombreuses modifications physiologiques ont lieu : ralentissement de la fréquence cardiaque, baisse de la tension artérielle, baisse de la température du corps, relaxation musculaire.

Le cycle 4 : cette phase correspond au sommeil profond. Il est très difficile de réveiller une personne durant ce cycle. L'activité cérébrale est au plus bas.

Les bienfaits du sommeil

- Il évacue les tensions et fatigue accumulées durant la journée et procure la détente. En position allongée, la colonne vertébrale se relâche, les tensions musculaires du dos et du corps sont soulagées.

- Les jambes perdent de leur lourdeur, il est conseillé aux personnes souffrant de troubles de la circulation de surélever le pied de leur lit afin d'accroître le retour veineux au niveau des jambes.

- Il déclenche la sécrétion de l'hormone de croissance. Cette hormone est responsable de la synthèse des protéines, elle participe au renouvellement cellulaire, à l'entretien des muscles, des tissus et des os.

2. L'insomnie

L'insomnie est l'impossibilité ou la difficulté à s'endormir ou à dormir suffisamment. Les réveils nocturnes, quand ils ont lieu, peuvent être précoces et/ou à répétition. De nombreuses personnes consultent leur médecin pour ce motif.

Outre une mauvaise alimentation, une fatigue généralisée, un manque d'exercice, etc., les causes peuvent être médicales : l'hypothyroïdie (fréquente chez les femmes), l'insuffisance rénale et l'infection ; ainsi que l'anémie, la dépression nerveuse, le diabète. D'autres maladies peuvent également être source d'insomnie.

Un mode de vie épuisant crée une perturbation du sommeil importante : l'accumulation des responsabilités et/ou des horaires déphasant les individus. L'insomnie affecte la vie personnelle : les insomniaques se sentent plus fatigués et plus irritables, leur vie familiale et sociale est perturbée à tout âge. Elle génère des troubles intellectuels, en particulier les troubles de la mémoire et de la concentration. Elle a pour conséquence, une perturbation des activités journalières et de la qualité de vie.

- Les différentes causes d'insomnie :

• La dépression qui se traduit le plus souvent par des réveils en fin de nuit, avec parfois impossibilité de se rendormir. Outre les troubles du sommeil, l'humeur est maussade, il faut se forcer pour faire les choses, y compris les activités que l'on aime habituellement.

• L'anxiété qui provoque aussi bien des difficultés d'endormissement que des réveils dans la nuit. Elle s'accompagne souvent de signes physiques: transpiration excessive, sensation de boule dans la gorge, sensation vertigineuse, bouche sèche...

• Le stress : certaines situations professionnelles ou familiales génèrent une tension pénible qui disparaît dès que la personne peut changer de cadre (exemple du sommeil qui s'améliore en vacances pour le stress professionnel).

• L'insomnie psychophysiologique, est une insomnie qui touche les personnes très préoccupées par leur sommeil. Elles y pensent dans la journée, le soir, et redoutent d'aller se coucher. La mise au lit s'accompagne souvent de pensées négatives telles que "je ne vais pas dormir" ce qui conduit effectivement à un échec du sommeil. Tout se passe comme si la personne se conditionne négativement par rapport au sommeil.

3. Quelques règles pour bien dormir

1) Vous devez déterminer avec un géobiologue la direction de votre lit.
2) La chambre doit avoir un taux vibratoire satisfaisant.
3) Disposez dans votre chambre, sur la table de nuit, un dodécaèdre en cristal. Le dodécaèdre permet de stimuler l'évacuation des énergies négatives de la journée.
4) Couchez-vous et levez-vous à heures régulières.
5) Ne lisez pas un livre trop passionnant et ne regardez pas la télé au lit.
6) Évitez les discussions stressantes, oubliez les préoccupations quotidiennes.
7) Observez les premiers signes annonciateurs du sommeil, ne luttez pas contre le sommeil.
8) Évitez la prise de produits stimulants : coca-cola, thé, café etc.
9) Dînez léger, sans pour autant se priver car l'hypoglycémie réveille.
10) Attendez que la digestion soit terminée avant de se mettre au lit.
11) Maintenir une température basse (entre 15 et 18 °C) ainsi qu'un bon degré d'hygrométrie.
12) Choisissez un lit confortable (ni trop ferme ni trop mou) et des couvertures légères.
13) La connaissance de quelques points d'acupuncture est également précieuse, notamment le point du cœur à l'intérieur du poignet. Quelques gouttes d'élixir de labradorite sur ce point sont idéales pour une bonne nuit.
14) Massez-vous aussi avec l'élixir de labradorite le 3e œil afin d'apaiser le système énergétique.

4. Les élixirs et le sommeil

On peut ramener les traitements spécifiques du sommeil à deux catégories de troubles et à des élixirs spécifiques :

- les difficultés d'endormissement,
- les réveils en pleine nuit.

Les élixirs pour les difficultés d'endormissement sont :

- l'élixir de labradorite,
- l'élixir de lapis-lazuli,
- l'élixir de kunzite.

Les élixirs pour les réveils en pleine nuit sont :

- l'élixir de rhodochrosite,
- l'élixir d'émeraude,
- l'élixir d'améthyste.

Posologie : 30 gouttes d'élixir en sublingual (sous la langue), en cure de 21 jours, une heure après le repas du soir.

V. LES ÉLIXIRS DE CRISTAUX ET LES POLLUTIONS ÉLECTROMAGNÉTIQUES

La cellule est comparable à un accumulateur et à un circuit oscillant. Elle a donc un potentiel électrique et résonne sur une fréquence qui est fonction de son rôle dans l'organisme. L'énergie que la cellule capte est de nature électromagnétique. En effet, les organismes vivant emmagasinent de la lumière (photons) et la rayonnent. Cette lumière assure la régulation des mécanismes vitaux. L'énergie électromagnétique émise par la cellule vivante est cohérente, c'est-à-dire qu'elle englobe la totalité de l'information de l'organe. Une cellule perd son identité quand elle n'est plus en résonance avec les signaux EM (électromagnétiques) qui l'animent. Elle obéit d'abord à une loi biophysique puis aux interactions chimiques. La maladie est donc avant tout une perturbation des champs électromagnétiques. Chaque individu, selon sa constitution, présente une sensibilité qui lui est propre face aux paramètres environnementaux. Il est aussi dangereux de vivre carencé de ces champs EM que d'en subir les excès.

Quelques éléments très simples nous permettent de comprendre les raisons de ces interactions.

Dans le cerveau et dans certaines régions du corps, les scientifiques ont découvert la présence de cristaux de magnétite (oxyde naturel de fer doué de magnétisme). Le système nerveux central, composé du cerveau et des nerfs, gère en partie notre organisme au moyen de messages nerveux qui sont d'ordre électrique.

Les physiciens de l'Institut de Physique Nucléaire de Milan ont découvert que les molécules de la matière vivante sont tenues par des champs électromagnétiques à longue portée.

Notre corps est donc composé de molécules tenues par des champs électromagnétiques, d'un cerveau rempli de micro-aimants (500 cristaux par gramme de matière cérébrale) et d'un système électrique de transmission des informations nerveuses.

On comprend donc facilement que le fonctionnement de notre organisme puisse être influencé par les champs électromagnétiques artificiels.

Les études épidémiologiques

Les études menées par des scientifiques et des médecins indépendants mènent toutes à la conclusion d'une corrélation certaine entre l'exposition des êtres vivants aux champs électromagnétiques et des dysfonctionnements des organes vitaux.

Deux pathologies sont actuellement bien cernées :

- les dérèglements hormonaux,
- les cancers de type leucémies.

Les champs électromagnétiques ont une influence capitale sur les organismes vivants. Ils agissent sur les composants de notre corps (les atomes et les molécules), sur le système nerveux périphérique (nerfs, moelle épinière…) et le système nerveux central (cerveau).

1. Les différentes pollutions

• Effet des champs électromagnétiques artificiels

Les champs électromagnétiques artificiels sont produits par tous les appareils qui utilisent de l'électricité. Ces champs sont de plus ou moins grande intensité et ont, par conséquent, une action plus ou moins importante sur le vivant. Quoi qu'il en soit, ils sont toujours considérés comme une agression et un stress. Ils fatiguent l'organisme et l'usent.

Notre environnement électromagnétique saturé modifie dangereusement les informations électriques naturelles intervenant dans le fonctionnement des organismes vivants.

Les champs électriques et magnétiques induisent dans notre corps des courants qui interfèrent avec ceux de l'organisme et peuvent provoquer des effets biologiques désastreux ayant des répercussions importantes sur la santé.

Tous les champs électriques naturels, biologiques, sont émis en mode «continu» et à très faible voltage, les courants artificiels sont en «alternatif» avec des voltages très élevés.

• Champs électriques

Lignes haute tension, câbles électriques, rallonges, cordon d'alimentation, appareils électriques non raccordés à la terre, structures métalliques (poutrelles de construction, armature du béton) situés dans un champ électromagnétique. Lits et sommiers métalliques, mais également bois (lambris, bois de lit) s'ils sont en contact avec des câbles électriques, couvertures électriques, matelas à eau, radios-réveils, lampes de chevet ou de bureau.

• Champs magnétiques

Lignes haute tension, câbles électriques, tous les appareils comportant un transformateur ou un variateur d'intensité (électroménager, télé, hi-fi), tubes fluorescent et lampes halogènes, radioréveils, écrans vidéo, convecteurs, panneaux rayonnants, compteur électrique, chauffage par le sol, installations électriques non parallèles (phase et neutre empruntant un passage différent).

• Les écrans vidéos (TV et ordinateur)

Émission de CEM de diverses fréquences : très basse, basse, moyenne, hautes et très hautes fréquences hertzienne, infrarouge, ultraviolet, rayons X et champs électrostatique + faible distance + temps passé.

• Les téléphones mobiles

Ils sont extrêmement dangereux. L'antenne d'un téléphone mobile se trouvant à moins de 10 cm du cerveau, les conséquences sont évidentes.

• Les fours à micro-ondes

Non seulement ils génèrent des champs électromagnétiques très puissants, mais des fuites éventuelles par des joints abîmés peuvent provoquer des graves lésions, et les aliments qui en sortent ne sont plus que des aliments morts, dont la polarité a été inversée.

• Épuisement des réserves énergétiques

Les conséquences sur la santé sont ennuyeuses, car l'organisme va puiser dans ses réserves énergétiques pour maintenir son équilibre face à l'agression «micro-ondes». Progressivement, les défenses immunitaires vont s'affaiblir, ouvrant la porte à la maladie.

Les symptômes précurseurs d'un organisme mis en alerte sont : la fatigue, une excitabilité, des maux de tête, des sensations désagréables au niveau de l'oreille, des réflexes amoindris.

Selon plusieurs rapports et notamment celui du Pr. Neil Cherry, une irradiation par micro-ondes de faible niveau peut causer des ruptures d'A.D.N. dans le cerveau. Des études poursuivies aux U.S.A. et en Inde sur des animaux de laboratoire semblent confirmer cette hypothèse. En conséquence, on peut en déduire que les micro-ondes pourraient agir en tant qu'agent causal du cancer.

• Les ondes très basse fréquence

Des recherches cliniques récentes sur l'interconnexion des ondes cérébrales et des ondes à très basse fréquence ont démontré que les ondes cérébrales de sujet humain peuvent être artificiellement influencées par des émissions spécifiques d'ondes à basse fréquence qui semble capables de tout traverser. Des expériences faites sur certaines populations ont prouvé que l'on peut modifier le comportement d'être humain.

L'utilisation ciblée d'onde très basse fréquence, ELF, (Extremely Low Frequency) permet d'envoyer des résonances de maladie, de désordre psychologique voire de mort sur n'importe quel point de la planète. En 1974, l'ingénieur tchèque Robert Pavlita montra à l'américain Stanley Krippner des générateurs capables d'induire la mort à distance. Plusieurs tests clandestins ont été réalisés avec de ce type d'armes au cours des vingt dernières années.

Des installations d'émetteurs ELF sont opérationnelles en Russie et aux Etats-Unis depuis 1976. Elles peuvent provoquer des perturbations géomagnétiques types tremblement de terre, des changements climatiques, des modifications psychophysiologiques et ce, de façon invisible, inodore et incolore. Pour contrer ces influences, certaines sociétés construisent des générateurs ELF individuels permettant de contre émettre un champ de protection.

N'oublions pas que le courant alternatif (c'est un courant qui change de fréquence) est source d'onde à très basse fréquence (ELF) est entré dans notre vie quotidienne, modifiant notre environnement électromagnétique.

• Le WI-FI et la fréquence vibratoire de l'eau

Le WI-FI permet à l'utilisateur d'ordinateur portable de se connecter à Internet sans fil. Dans une zone couverte WI-FI, l'utilisateur peut se connecter sans fil et à haut débit à des sites Web, son intranet, à sa messagerie ou son réseau d'entreprise.

Danger et risque liés à la fréquence utilisée

Une des inquiétudes exprimées par le grand public concerne la fréquence de résonance de l'eau qui constitue l'essentiel du corps humain et qui est de 2,45 GHz. Cette fréquence tombe dans le spectre de fréquence utilisé par WI-FI.

La possibilité que ces radiofréquences entrent en résonance sont préoccupantes mais les études sérieuses, comme toujours, tardent à venir comme pour le téléphone portable. Nous pensons que l'on doit se protéger de cette fréquence afin d'éviter des perturbations cellulaires.

2. Les élixirs de cristaux protègent et dépolluent

La prise régulière d'élixirs de tourmaline noire, de magnétite et de zéolite permet d'être protégé et de se dépolluer de ces nuisances très préjudiciables pour le système énergétique.

VI. LES ÉLIXIRS DE CRISTAUX ET LES MÉTAUX LOURDS

Il y a environ un siècle, grâce à la technologie moderne, l'homme a commencé à chercher des métaux lourds enfouis profondément à l'intérieur de la terre.
Aujourd'hui, environ 4,5 millions de kilogrammes de mercure sont libérés par les industries et parmi cela, 113400 kilogrammes par les dentistes des Etats-Unis.
La production annuelle de cadmium se situe autour de 2000 tonnes. Le cadmium est maintenant partout, dans l'air, l'eau et la nourriture. On estime que chaque être humain consomme environ 20 microgrammes de cadmium chaque jour. Pour les fumeurs, l'absorption est deux fois plus élevée. L'anémie, l'ostéoporose, des douleurs aux vertèbres, des problèmes rénaux et une baisse de la fertilité sont des symptômes qui peuvent être reliés à l'intoxication chronique par le cadmium.
D'autres métaux lourds comme le plomb, le nickel, le cobalt, le palladium, sont très toxiques pour notre corps et se trouvent aussi de plus en plus dans notre environnement.

Le corps physique est un laboratoire chimique

Notre corps est comparable à un grand laboratoire chimique. Chaque seconde, il y a des milliers de processus chimiques dans nos organes et cellules. Les métaux ou minéraux essentiels jouent un rôle primordial dans ces processus biochimiques. La présence des métaux lourds dérange profondément l'équilibre biochimique et, en plus, détruit la biologie de nos cellules. II faut alors absolument aider le corps à se détoxiquer pour prévenir toutes sortes de maladies. Déjà en 1975,1'organisation mondiale de la santé, (O.M.S.) déclarait qu'environ 80% des maladies chroniques comme l'arthrite, le diabète, I'asthme, le cancer pouvaient être causés directement ou indirectement par la pollution environnementale. Des recherches en Suisse ont démontré qu'en utilisant des chélateurs pour éliminer le plomb du corps, le nombre de certaines formes de cancer pouvait diminuer de 90%.

Au niveau de la toxicité, tous les métaux lourds se ressemblent. Par contre, la majorité des gens sont plus en contact avec le mercure à cause des amalgames dans les plombages de nos dents. Le mercure est le seul métal qui reste liquide à la température de la pièce. Le fait qu'il soit liquide augmente sa capacité de s'évaporer. En effet, après une semaine une masse de mercure disparaît, elle s'évapore partout dans l'environnement... sans odeur, ni couleur. Ces caractéristiques le rendent très dangereux car il se fait absorber facilement par la peau, les poumons, l'estomac et l'intestin.

Résumé des principaux dangers des métaux lourds :

- ils remplacent ou substituent les minéraux essentiels,
- ils ont un effet antibiotique, ce qui augmente la résistance des bactéries,
- ils changent le code génétique,
- ils produisent des radicaux libres,
- ils neutralisent les acides aminés utilisés pour la détoxication,
- ils causent des allergies,
- ils endommagent les cellules nerveuses.

• Action déchélatrice des élixirs de cristaux

La déchélation consisté à désintoxiquer l'organisme de certains métaux lourds et additifs que l'on trouve dans l'alimentation. La mère nature a bien fait les choses, puisque un grand nombre de minéraux possède des propriétés déchélatrices. Certains sont plus actifs que d'autres et nous avons sélectionné les élixirs de cristaux les plus efficaces.

Les élixirs de cristaux les plus couramment utilisés sont :

- l'élixir de zéolite,
- l'élixir de magnétite,
- l'élixir de cristal de roche ;

Vous pouvez faire des cures de 21 jours tous les 3 mois.

*

HUITIÈME PARTIE

Les alliés des élixirs de cristaux

I. L'INFLUENCE DES SAISONS

Chaque saison nous influence par une couleur bien déterminée. En effet, plusieurs recherches ont été réalisées et les résultats démontrent que notre système énergétique fonctionne en rapport direct avec ces vibrations chromatiques.

L'hiver, les chercheurs ont observé chez de nombreuses personnes un déficit de couleurs chaudes, tout particulièrement de la fin novembre à la mi-février. Le 21 décembre, le système énergétique marque le plus bas des énergies, en même temps qu'il amorce la remontée des énergies qui culmine au 21 juin.

1. Le déficit de lumière solaire

L'hiver est aussi la période, où les nuits sont les plus longues, ce qui nous prive ainsi d'une certaine force dispensée par le Soleil. La position très basse de l'astre sur l'horizon entraîne la transmission privilégiée des couleurs froides (bleu, vert, noir etc.). Le bleu prédomine les jours de brouillard et de pluie.
Pendant cette période de l'année, les défenses immunitaires sont au plus bas

et la tension artérielle au plus haut, il s'ensuit de nombreuses pathologies. C'est la période où la mortalité est la plus élevée.

2. Le pic de dépressions saisonnières

L'hiver correspond au pic de dépression enregistrée dans le monde, situé entre le 15 décembre et le 15 janvier. C'est l'entrée de l'hiver, avec la diminution progressive de la durée du jour par rapport à celle de la nuit, qui engendre cette perte d'énergie.

Il est donc conseillé à l'entrée de l'hiver de faire une cure d'élixirs de cristaux afin de renforcer certains centres énergétiques. Il y a trois chakras à renforcer en énergie prioritairement pendant cette période hivernale :
- le plexus solaire : élixir de chalcopyrite,
- le chakra du cœur : élixir d'émeraude,
- le chakra 3e œil : élixir de cristal de roche.

Cette méthode peut-être pratiquée aussi en intersaison, à la fin de l'hiver et au printemps. Cette période est aussi excellente pour faire un bilan énergétique afin de repartir sur de bonnes réserves énergétiques.

II. LES INFLUENCES LUNAIRES

La lune «fantôme du soleil» est le corps céleste qui exerce la plus directe et la plus puissante influence sur l'organisme humain. La lune exerce une influence décisive sur les «mers intérieures» du corps humain, c'est-à-dire les liquides de notre organisme. Les différentes phases de la lune coïncident avec les hauts et les bas de diverses maladies, spécialement les troubles nerveux. La lune, par sa force gravitationnelle, influence le phénomène des marées. Si l'on considère que l'homme est un microcosme constitué des mêmes éléments que la planète Terre, c'est-à-dire 80% d'eau et 20% de matières solides, il est donc normal de penser que la force gravitationnelle de la lune puisse exercer son action sur l'eau contenue dans le corps humain, comme elle l'exerce sur les océans. À partir de cette constatation, nous pouvons dire que l'être humain est constitué de marées basses et de marées hautes, gouvernées par la lune.

C'est au cours des phases ascendantes, c'est-à-dire de la nouvelle lune à la pleine lune que les marées sont à leur maximum. C'est aussi pendant ces périodes que certaines personnes ressentent très fortement les effets et les influences lunaires sur leur système énergétique.
Ces marées biologiques ne causent pas obligatoirement pour tout le monde des problèmes énergétiques. Mais, de nombreuses études réalisées en Russie et aux USA démontrent qu'elles les accentuent chez des personnes ayant un système énergétique fragile.

Tous les organismes sur la Terre passent par des cycles de croissance et de décroissance périodiques. Notre système énergétique est donc soumis à un état de réceptivité négatif ou positif.

- En positif : pendant la nouvelle lune et la pleine lune, les personnes ayant un système énergétique équilibré seront pleines d'énergie, ou au contraire, plus calmes et détendus.
- En négatif : les personnes ayant un système énergétique perturbé, auront pendant la nouvelle lune et la pleine lune des troubles du système nerveux pouvant amener à des pulsions violentes pour les uns ou un état dépressif pour les autres, avec une accentuation des tendances suicidaires.

Les différentes propriétés des élixirs de cristaux permettent de renforcer le système énergétique afin d'éviter certains dysfonctionnements.
D'autre part l'efficacité des traitements par les élixirs de cristaux peut être renforcée en sachant utiliser les phases de la lune.

Il est bien entendu que l'on peut traiter tous les problèmes physiques et psychologiques pendant le mois lunaire, mais si on respecte certaines phases lunaires, les résultats sont nettement meilleurs.

Les cycles de lunaison peuvent être divisées en quatre parties :

1. De la nouvelle lune au premier quartier :

- c'est une période de repos «curatif», il est conseiller de laisser agir les différentes thérapeutiques,
- période ou le système énergétique est moins réceptif aux différents traitements,
- on peut tout de même agir sur certains chakras et le corps éthérique.

Période favorable	Élixirs
Pour harmoniser le chakra sacré	Citrine, quartz rutile
Pour harmoniser le chakra du plexus solaire	Chalcopyrite, citrine
Pour harmoniser le chakra de la gorge	Aigue-marine, lapis-lazuli
Pour renforcer le corps éthérique	Tourmaline noire, labradorite

2. Du premier quartier à la pleine lune :

Le premier quartier : les personnes souffrant de problèmes nerveux peuvent être anxieuses et irritables, les maux sanguins s'aggravent. L'équilibre doit être trouvé si l'on constate une hyperactivité du système énergétique.
La lune agit sur la lymphe, qui est le liquide de prédilection des lymphocytes (très importants pour le système immunitaire). Les 5 jours avant la pleine lune sont très favorables à la fécondation.

Période favorable	Élixirs
Pour tonifier l'organisme	Cristal de roche, quartz rutile
Pour stimuler l'immunité	Cristal de roche, zircon
Pour agir contre les grandes fatigues	Chalcopyrite, grenat
Pour stimuler le foie et le pancréas	Émeraude, citrine
Pour calmer le système nerveux	Aigue-marine, améthyste
Pour stimuler la circulation du sang	Grenat, magnétite
Pour traiter les problèmes cutanées	Émeraude, hémimorphite
Pour fortifier les cheveux	Cristal de roche, lapis-lazuli
Pour harmoniser le chakra racine, le plexus solaire, du cœur	Chakra racine : tourmaline noire Plexus solaire : chalcopyrite Chakra du cœur : tourmaline verte
Pour renforcer le corps éthérique	Tourmaline noire, labradorite

3. De la pleine lune au dernier quartier

La pleine lune : cette phase est souvent critique pour les personnes souffrant de pathologies physique ou psychologique. De nombreuses études ont été réalisées aux USA sur l'influence de la lune sur des milliers de personnes et notamment celles qui ont des problèmes nerveux et sanguin. Les conclusions de ces scientifiques sont les mêmes que les anciens. Cette phase lunaire est particulièrement recommandée pour développer les perceptions extrasensorielles et la spiritualité. Les rêves prémonitoires sont également favorisés.

Période favorable	Élixirs
Pour agir sur le système nerveux	Zéolite, aigue-marine, émeraude
Pour pratiquer une journée de jeune	Cristal de roche, améthyste
Pour débuter un régime amaigrissant	Baryte, amazonite, magnétite
Pour agir sur les inflammations	Magnétite, malachite
Pour activer la cicatrisation	Hémimorphite, chalcopyrite
Pour harmoniser le chakra de la gorge, racine et du 3e oeil	Chakra de la gorge : aigue-marine Chakra racine : grenat Chakra du 3e œil : améthyste
Pour renforcer le corps astral	Chalcopyrite, citrine
Pour drainer et désintoxiquer l'organisme	Baryte, cristal de roche
Pour éliminer l'acide urique, l'urée	Malachite, chalcopyrite
Pour régulariser la circulation sanguine	Émeraude, amazonite
Pour renforcer le corps mental	Lapis-lazuli, aigue-marine

4. Du dernier quartier à la prochaine nouvelle lune

Le dernier quartier doit faire l'objet d'attention, les centres énergétiques devront être dans la plupart des cas stimulés. Les énergies sont décroissantes, il est donc conseillé d'avoir recours aux élixirs de cristaux pour activer les énergies défaillantes. La période n'est pas recommandée non plus pour la fécondation. Il est conseillé d'activer le système énergétique en attendant une phase lunaire plus favorable pour les énergies.
La lune décroissante est, par contre, bénéfique pour se débarrasser des influences négatives d'un lieu ou venant d'une personne.

Période favorable	Élixirs
Pour stimuler tous les chakras	Cristal de roche
Pour agir sur les dysfonctionnements de l'aura	Labradorite, tourmaline noire
Pour rompre avec de mauvaises habitudes	Tourmaline verte, quartz rutile
Pour stimuler les reins afin d'éliminer les toxines	Baryte, magnétite
Pour éliminer les énergies négatives	Labradorite, zéolite
Pour renforcer le chakra sacré le plexus solaire	Chakra sacré : citrine Plexus solaire : chalcopyrite
Pour renforcer le corps causal	Quartz rutile, cristal de roche

III. LES HUILES DE MASSAGE DYNAMISÉES AUX CRISTAUX

De tout temps, les hommes ont été sensibles à l'entretien de leur peau et aux bienfaits du massage. Dans le monde entier, chez les peuples de tous les continents, le massage est à l'honneur, synonyme d'apaisement et de stimulation du corps. Les mères indiennes et asiatiques massent quotidiennement leurs bébés avec des huiles. Mais le massage n'est pas réservé qu'aux enfants. Toute la famille en bénéficie. Dans leur sagesse, les Indiens et les Chinois ont compris que la peau est un organe vital qui mérite toute notre attention et notre respect. La qualité de la peau n'est-elle pas le reflet de la santé ?
Toucher notre peau nous amène à une meilleure connaissance de notre propre sensibilité et procure de réels bienfaits aussi bien physiques que psychologiques. Le massage est vécu comme un véritable partage, un dialogue avec soi même, un état des lieux de tout notre corps.

Peu à peu, nous apprenons à mieux nous connaître, et à reconnaître le physique qui nous appartient et que nous construisons jour après jour. Mieux se connaître, c'est déjà accepter mieux le monde aux alentours, ce qui souvent nous fait défaut.

Rôle essentiel de la peau

La peau est beaucoup plus qu'une enveloppe tissulaire. Elle est aussi vitale que le cœur, le foie, l'estomac, les intestins….

La peau est un vecteur naturel efficace des principes actifs contenus dans les huiles de cristaux. Le derme contient un réseau très important de capillaires sanguins et lymphatiques, ce qui permet aux huiles de cristaux d'avoir une action locale ou régionale.

La peau est l'organe majeur du toucher qui permet des échanges d'ordre psycho-affectif. Par le massage, elle reçoit une «nourriture affective». Impliquée dans l'équilibre des échanges thermiques, hydriques, respiratoires, nutritifs et affectifs, la peau contribue ainsi au bon équilibre immunitaire.

Action enzymatique et huile de cristaux

Appliquées directement sur la peau ou sur des points d'énergie spécifiques, les huiles de cristaux transmettent leurs propriétés au contact de l'épiderme par réactions enzymatiques. Elles diffusent à dose infinitésimale des minéraux : cuivre, lithium, silicium, etc.

Élaboration des huiles de cristaux inédite

Les 7 huiles de cristaux ont été soigneusement élaborées en conformité avec les traditions orientales et occidentales.
Les huiles de cristaux, à base d'huile de noisette biologique, subissent une imprégnation énergétique quantique de silicium (cristal) diffusée par notre appareil de bioénergie. Cette dynamisation augmente le niveau vibratoire de chaque huile de cristal et potentialise son degré d'assimilation et d'action sur les champs énergétiques de l'individu.

Les 7 huiles de cristaux sont : Améthyste, Chalcopyrite, Citrine, Cristal de roche, Emeraude, Grenat, Lapis-lazuli.

Les 7 huiles de cristaux ont les mêmes propriétés que les élixirs de cristaux. Vous devez consulter les différentes fiches des élixirs de cristaux afin de connaître toutes leurs spécificités.

Les 2 huiles de cristaux essentielles

Pour stimuler :
huile de cristal de roche

Pour apaiser :
huile d'émeraude

1. Méthode d'équilibrage énergétique avec les huiles de cristaux en synergie avec les élixirs

C'est une méthode d'équilibrage énergétique pour une remise en forme physique et psychique.
L'équilibrage énergétique consiste à faire circuler l'énergie pour harmoniser les centres d'énergie vitale, les chakras, afin de rééquilibrer le corps et l'esprit. Cette énergie va dissoudre dans le corps les blocages responsables d'un grand nombre de problèmes organiques, psychologiques, présents ou anciens et pourra ainsi prévenir les maladies. L'équilibrage énergétique par les huiles de cristaux aide à évacuer le stress, les émotions refoulées et profondes. Il est conseillé d'associer avec les huiles de cristaux, l'élixir de cristal de roche. Cet élixir doit être pris avant le massage des chakras afin d'accélérer votre réceptivité aux huiles de cristaux. L'élixir de cristal de roche stimule les cristaux et la magnétite du corps et il potentialise les effets des huiles de cristaux.

Les 7 huiles de cristaux essentielles et les chakras

Chakras	Huiles de cristaux
Chakra Racine	Grenat
Chakra Sacré	Citrine
Plexus Solaire	Chalcopyrite
Chakra du Cœur	Émeraude
Chakra de la Gorge	Lapis-lazuli
Chakra du 3e œil	Améthyste
Chakra du Sommet	Cristal de roche

2. Approche énergétique des huiles de cristaux

Chaque chakra est en étroite relation avec une glande endocrine. Ainsi, c'est l'organisme tout entier qui est contrôlé et régulé par la voie du système endocrinien. Les huiles de cristaux ont les mêmes propriétés que les élixirs de cristaux, ce sont des agents d'équilibres pour les chakras. Elles agissent de manière holistique sur le plan physique, psychologique et spirituel. En rééquilibrant les chakras, on peut améliorer significativement de nombreux états de mal-être physique et psychologique.

Chakra 1 = huile de grenat : l'ancrage à la terre, la stabilité.
Glandes : les surrénales : elles se composent de deux partie : une substance périphérique ou corticosurrénale, qui sécrète les hormones stéroïdes dites corticoïdes (telle que la cortisone) et une substance centrale ou médullosurrénale secrétant l'adrénaline qui agit sur la pression artérielle.
L'huile de grenat fortifie et stabilise l'énergie du chakra racine. Elle permet de capter l'énergie tellurique afin d'avoir une circulation harmonieuse à tra-

vers tous les centres d'énergies.
Chakra 2 = huile de citrine : l'intelligence sensorielle, la sexualité, le sang, la lymphe.
Glandes : les gonades : ce sont des glandes sexuelles qui produisent les gamètes et sécrètent des hormones.
L'huile de citrine stimule les sens et harmonise le sang et la lymphe (liquide de prédilection pour les lymphocytes qui sont très importants pour l'immunité).

Chakra 3 = huile de chalcopyrite : l'énergie globale et psychique.
Glande : le pancréas : ses sécrétions agissent sur les lipides et sur les sucres dans le sang. Il produit l'insuline et le glucagon qui ont un effet régulateur sur le métabolisme des sucres. L'insuline favorise la pénétration cellulaire du glucose circulant et augmente la synthèse des lipides et des protides.
L'huile de chalcopyrite stimule l'énergie vitale et renforce l'énergie psychique. C'est un excellent allié contre les fortes émotions et le stress.

Chakra 4 = huile d'émeraude : centre de l'immunité, des émotions, de l'amour.
Glande : le thymus : cette glande contrôle et régule la circulation d'énergie dans tout le corps, elle entreprend des corrections instantanées pour surmonter les déséquilibres des énergies. Il a donc un rôle très important dans l'immunité. Il est le 1er organe à être affecté par les attitudes mentales et par le stress.
L'huile d'émeraude stimule l'immunité, équilibre les émotions et harmonise les relations que nous avons avec les autres et avec nous-mêmes. Huile anti-stress.

Chakra 5 = huile de lapis-lazuli : centre de la communication, du métabolisme humain, de l'alimentation.
Glandes : la thyroïde et parathyroïde : régulateur du métabolisme humain.
L'huile de lapis-lazuli permet de mieux exprimer ses sentiments, d'harmoniser le métabolisme humain.

Chakra 6 = huile d'améthyste : centre des fonctions vitales, du stress, de la conscience de soi, des perceptions extra sensorielles.

Glande : l'hypophyse : c'est un important carrefour neuro-glandulaire, elle se situe sous l'encéphale et sécrète de nombreuses hormones, en particulier l'hormone de croissance, des stimulines qui agissent sur les autres glandes endocrines, une hormone freinant la sécrétion urinaire et une autre faisant contracter les muscles lisses.
L'huile d'améthyste stimule l'encéphale (centre névralgique de toutes les fonctions vitales), harmonise l'énergie du 3e œil afin de lutter contre le stress et permet une transformation de conscience afin d'être en accord avec son «maître intérieur».

Chakra 7 = huile de cristal de roche : siège de l'âme et essence de l'être.
Glande : la pinéale : elle sécrète la mélatonine qui agit sur la pigmentation. Les propriétés de la mélatonine ne sont pas connues avec exactitude. Elle semble avoir une action (en freinant) sur la sécrétion des hormones de l'hypophyse. Elle jouerait également un rôle dans la reproduction, la fabrication des spermatozoïdes chez l'homme, dans le cycle menstruel chez la femme.
L'huile de cristal de roche permet d'accéder au «maître intérieur», aux hautes pensées et à la spiritualité afin d'accéder à son véritable chemin de vie.
L'huile de cristal de roche doit être appliqué, soit au sommet de la tête ou pour plus de simplicité, juste au dessus du 3e œil (en haut du front).

Vous devez consulter le tableau des chakras (chapitre : le système énergétique) afin d'avoir des renseignements supplémentaires sur les pathologies physique et mentale qu'ils peuvent engendrés.

3. Méthode

Avant de vous masser, vous devez prendre 30 gouttes d'élixir de cristal de roche. Ses propriétés vibratoires vont potentialiser l'effet des huiles de cristaux. Commencez par masser un à un vos chakras d'après le problème énergétique rencontré, en commençant par le chakra racine. L'accessibilité du chakra racine n'étant pas facile, vous devez stimuler le méridien R1 qui correspond au chakra racine et qui est situé sous la plante de pied. Le massage d'un chakra ne doit pas excéder 3 minutes. Vous pouvez utiliser l'huile de cristal de roche pour tous les chakras.

Quelques séances de massage énergétique avec les huiles de cristaux en synergic avcc lcs élixirs :

• **Contre le stress**

1er chakra : huile de grenat
3e chakra : huile de chalcopyrite
4e chakra : huile d'émeraude
6e chakra : huile d'améthyste

Élixirs de cristaux : aigue-marine, émeraude, tourmaline verte.

• **Pour stimuler l'immunité**

1er chakra : huile de grenat
2e chakra : huile de citrine
3e chakra : huile de chalcopyrite
4e chakra : huile d'émeraude
5e chakra : huile de lapis-lazuli
6e chakra : huile d'améthyste

Élixirs de cristaux : grenat, zircon, hémimorphite.

• **Pour fortifier la mémoire**

1er chakra : huile de grenat
4e chakra : huile d'émeraude
6e chakra : huile d'améthyste

Élixirs de cristaux : citrine, cristal de roche, améthyste.

• Pour les problèmes nerveux chroniques

1er chakra : huile de grenat
3e chakra : huile de chalcopyrite
4e chakra : huile d'émeraude
6e chakra : huile d'améthyste

Élixirs de cristaux : kunzite, tourmaline verte, saphir.

• Harmonisation globale des 7 chakras

1er chakra : huile de grenat
2e chakra : huile de citrine
3e chakra : huile de chalcopyrite
4e chakra : huile d'émeraude
5e chakra : huile de lapis-lazuli
6e chakra : huile d'améthyste
7e chakra : huile de cristal de roche

Élixirs de cristaux : cristal de roche, tourmaline noire, labradorite.

4. Harmonisation des méridiens avec les huiles de cristaux

Chaque méridien peut être en excès ou en déficit d'énergie. Les huiles de cristaux permettent d'harmoniser l'un ou l'autre dysfonctionnement.
Les huiles de cristaux pour les méridiens doivent s'appliquer sur les trajets des méridiens qui se situent soit sur les extrémités des doigts, soit sur les extrémités des pieds.
Les rééquilibrages des méridiens se font avec un cristal de massage ou tout simplement en massant avec vos doigts.

	Huiles de cristaux		
Méridiens	**Méridien en excès**	**Méridien en déficit**	**Zone de massage**
Poumons	Améthyste	Cristal de roche	11P jusqu'au 7P
Gros Intestin	Améthyste	Cristal de roche	1 GI jusqu'au 5G
Estomac	Émeraude	Chalcopyrite	45 E jusqu'au 42 E
Rate/Pancréas	Améthyste	Citrine	1 RP jusqu'au 5 RP
Cœur	Lapis-lazuli	Grenat	9 C jusqu'au 4 C
Intestin grêle	Améthyste	Grenat	1 IG jusqu'au 5 IG
Vessie	Citrine	Lapis-lazuli	65 V jusqu'à l'os proéminent de la cheville.
Reins	Cristal de roche	Améthyste	du 1 R sur 3 cm vers le talon
Vésicule biliaire	Grenat	Émeraude	44 VB jusqu'au 41 VB
Foie	Améthyste	Émeraude	du 1 F au 4 F
Maître du cœur	Cristal de roche	Grenat	9 MC jusqu'au 7 MC
Triple réchauffeur	Émeraude	Citrine	1 TR jusqu'au poignet
Vaisseau conception	Cristal de roche	Lapis-lazuli	sur la zone du hara (en dessous du nombril)
Vaisseau gouverneur	Améthyste	Grenat	du coccyx en remontant la colonne vertébrale sur 5 cm.

• **Comment procéder ?**

En énergétique chinoise, on commence toujours par le côté droit (main droite ou pied droit) pour passer ensuite au côté gauche (main gauche ou pied gauche). Cette logique s'appuie sur les principes de la médecine chinoise qui soulignent que «dans la manifestation apparaît d'abord le Yin puis le Yang peut se manifester à son tour».

Par conséquent, tout commence par le Yin (la droite dans le corps) puis continue par le Yang (la gauche dans le corps). C'est la raison pour laquelle un acupuncteur place toujours ses aiguilles en commençant par le point du méridien traité qui se situe sur le côté droit du corps pour ensuite continuer avec le point équivalent, situé sur le côté gauche.

Régulation du Vaisseau Conception et du Vaisseau Gouverneur
Lorsque vous constatez que les VC/VG sont perturbés, vous devez rétablir immédiatement leur fonctionnement car c'est eux qui dirigent l'ensemble des méridiens.

- Pour le Vaisseau Conception : vous appuyez avec la pointe de cristal tout en réalisant des petits cercles. Ensuite, vous mettez un peu d'huile de cristal et vous massez en créant des cercles soit avec la pointe, soit avec la base arrondie.
- Pour le Vaisseau Gouverneur : mettre un peu d'huile de cristal, vous devez ensuite massez avec la pointe arrondie du cristal en créant des cercles.

• **Méthode d'Ange-Jacques Séno**

Régulation des méridiens :
• Vous devez tonifier ou disperser le premier point du méridien pendant 1 min.
• Appuyez la pointe du cristal le long du méridien.
• Appliquez sur le trajet du méridien un peu d'huile de cristal.
• Et vous vous servez de la pointe du cristal ou de la base arrondie que vous appuyez le long du méridien. Vous devez faire au moins 3 passages.

Pour finaliser l'harmonisation des méridiens : vous devez prendre 30 gouttes d'élixir de cristal de roche.

Vous pouvez consulter le tableau des méridiens (5e partie : L'énergétique chinoise) afin d'avoir des renseignements supplémentaires sur les pathologies physiques et mentales qu'ils peuvent engendrer.

• Usage des huiles de cristaux à titre préventif

Chaque méridien peut être harmonisé à titre préventif lors de la saison qui lui correspond. Cela permet d'équilibrer l'ensemble du système énergétique. Vous devez consulter les tableaux des saisons (5e partie : L'énergétique chinoise – Les méridiens). La synergie des élixirs des cristaux avec les huiles de cristaux optimise les effets recherchés.

• Application des huiles cristaux en onction

L'onction consiste à appliquer des huiles de cristaux sur une région déterminée du corps.

• Sur le plexus solaire et le plexus du cœur : permet d'apaiser le stress, l'anxiété contre l'insomnie.
Huiles de cristaux : améthyste (plexus solaire), émeraude (plexus du cœur).

• Sur la plante des pieds : permet d'agir à distance sur les organes internes, le système hormonal, les vertèbres et les articulations.
Huiles de cristaux : grenat, cristal de roche.

• Sur l'abdomen : permet d'agir sur les organes internes (pancréas, foie, intestins, estomac, vésicule biliaire).
Huiles de cristaux : chalcopyrite, cristal de roche.

• Au-dessus des reins : pour stimuler l'activité des glandes corticosurrénales. Ces glandes produisent une hormone, le cortisol, qui permet de lutter contre le stress.
Huiles de cristaux : grenat, cristal de roche.

• Sur la nuque et les épaules : apporte un grand soulagement face aux tensions accumulées dans la journée ou lors d'une période de grand stress.
Huiles de cristaux : améthyste, lapis-lazuli.

• Sur un zone douloureuse : permet de soulager les douleurs, active le processus anti-inflammatoire.
Huiles de cristaux : chalcopyrite, cristal de roche.

• Sur un problème cutané : pour stimuler les enzymes de la peau.
Huiles de cristaux : lapis-lazuli, émeraude.

• En cas de jambes lourdes : pour fluidifier la circulation du sang.
Huiles de cristaux : grenat, cristal de roche.

• Sur le visage : action anti-age, régénère la peau.
Huiles de cristaux : cristal de roche, citrine.

Mode d'emploi des huiles de cristaux

Remuez l'huile de cristal avant et après chaque utilisation. Ce procédé permet de redynamiser le principe actif.

En onction : 1 à 2 doses selon l'étendue de la zone à masser.
Sur les chakras et les méridiens : 1 dose.
Massez pendant 1 à 2 minutes.

IV. LES SÉANCES LITHOTHÉRAPIQUES ESSENTIELLES

La lithothérapie, sur le système énergétique, est utilisée par un nombre croissant de thérapeutes en France, en Allemagne, en Belgique. En Suisse, cette méthode est utilisée dans des centres de régénération cellulaire.
Les pierres et les cristaux se prêtent tout particulièrement à la thérapie par les

chakras. Formés d'éléments de notre Planète mère, ils nous relient à la force protectrice, fortifiante et nourricière de la terre.
Les 5 séances énergétiques essentielles avec les cristaux, en synergie avec les huiles de cristaux et élixirs de cristaux, permettent d'harmoniser de façon ciblée l'ensemble du système énergétique.

• Contre le stress
1er chakra : grenat
2e chakra : baryte
3e chakra : chalcopyrite
4e chakra : aventurine
5e chakra : lapis-lazuli
6e chakra : améthyste
Élixirs de cristaux : aigue-marine, émeraude.
Huile de cristal : émeraude.

Durée de la séance : 20 minutes.

• Pour stimuler l'immunité
1er chakra : tourmaline noire
2e chakra : citrine
3e chakra : chalcopyrite
4e chakra : fuschite
5e chakra : lapis-lazuli
6e chakra : cristal de roche biterminé
Élixirs de cristaux : grenat, hémimorphite.
Huile de cristal : grenat.

Durée de la séance : 20 minutes.

• Pour fortifier la mémoire
1er chakra : cristal de roche
2e chakra : grenat

3e chakra : citrine
4e chakra : zéolite verte
5e chakra : amazonite
6e chakra : améthyste
Élixirs de cristaux : cristal de roche, citrine.
Huile de cristal : améthyste.

Durée de la séance : 20 minutes.

• Pour les problèmes nerveux chroniques
1er chakra : tourmaline noire
2e chakra : grenat
3e chakra : chalcopyrite
4e chakra : émeraude
5e chakra : saphir
6e chakra : fluorite violette
Élixirs de cristaux : kunzite, tourmaline verte.
Huile de cristal : émeraude.

Durée de la séance : 20 minutes.

• Harmonisation globale des 7 chakras
1er chakra : grenat
2e chakra : citrine
3e chakra : chalcopyritc
4e chakra : aventurine
5e chakra : amazonite
6e chakra : cristal de roche biterminé
Élixir de cristaux : cristal de roche, labradorite.
Huile de cristal : cristal de roche.

Durée de la séance : 20 minutes.

• Autre méthode avec les cristaux de roche

Elle consiste à n'utiliser que des cristaux de roche biterminés pour tous les chakras. Le cristal de roche, avec sa lumière blanche, contient le potentiel énergétique des 7 couleurs du spectre solaire. Chaque rayon de couleur correspond à un chakra. Le cristal de roche est donc capable de stimuler tous les chakras et d'harmoniser la totalité du système énergétique. Une séance avec 7 cristaux de roche permet d'augmenter de façon significative le taux vibratoire d'une personne et d'augmenter l'énergie des chakras.

Matériel : 7 cristaux de roche, 1 tourmaline noire

1. Allongez-vous.
2. Mettez de la tourmaline noire entre vos pieds.
3. Appliquez sur chaque chakra de l'huile de cristal de roche.
4. Mettez un cristal le plus proche du chakra racine.
5. Le 2e cristal sur le chakra sacré, le 3e sur le plexus solaire, le 4e sur le chakra du cœur, le 5e sur le chakra de la gorge, le 6e sur le 3e œil et le 7e au sommet du crâne. Les cristaux doivent être tous dans le sens vertical.
6. Laissez agir 10 minutes pour la première séance, les suivantes jusqu'à 20 minutes.
7. Enlevez les cristaux un à un, en commençant par le septième chakra.

Au début de la séance, vous percevrez des déséquilibres, puis petit à petit, vous sentirez une harmonie s'instaurer. La prise de l'élixir de cristal de roche est conseillée afin de bien stabiliser l'énergie des 7 chakras. Il ne faut pas oublier de purifier vos cristaux après la séance de lithothérapie.

*

NEUVIÈME PARTIE

Psychisme et maladies

I. L'ANIMA ET L'ANIMUS

Masculin ou féminin ?

Une partie de notre Persona est le rôle masculin ou le rôle féminin que nous devons jouer. Pour la plupart des personnes, le rôle est déterminé par leur genre physique. Mais Jung, comme Freud, Adler et d'autres ont estimé que nous sommes tous vraiment bisexuels par nature. Quand nous commençons notre vie fœtale, nos organes sexuels sont indifférenciés. Ce n'est que et sous l'influence des hormones que progressivement le fœtus va devenir homme ou femme. De même, quand nous commençons notre vie sociale comme enfants en bas âge, nous ne sommes pas encore des hommes ou des femmes (dans le sens social). Très rapidement, nous subissons l'influence de notre entourage et de notre société. Ce n'est que grâce à elle que nous atteindrons le statut d'homme ou de femme.

Dans toutes les sociétés, il y a des attentes différentes pour hommes et les femmes. Ces attentes sont basées sur le rôle reproducteur de chacun mais aussi sur des éléments plus sociaux et plus superficiels.

Dans notre société actuelle, on s'attend encore à ce que les femmes soient plus passives, plus nourricières et moins agressives. On s'attend à ce que les hommes soient forts courageux et ignorent leur côté émotif.

Jung et l’anima animus

Jung a jugé que ces attentes ne permettaient pas de développer notre être dans son ensemble mais le limitait seulement à sa moitié.
L'anima est l'aspect féminin dans l'inconscient collectif des hommes, et l'animus est l'aspect masculin dans l'inconscient collectif des femmes. L'anima peut être personnifié en une jeune fille spontanée et intuitive, en une sorcière ou en mère de la terre. Elle est susceptible d'être associée à l'émotivité et la force de la vie. L'animus peut être personnifié en un vieil homme sage, en un sorcier ou souvent en un certain nombre d'hommes. L'animus tend à être logique, constant, froid et souvent rationnel.

Contact avec notre anima animus

Généralement, l'anima ou l'animus est l'archétype par lequel nous communiquons avec l'inconscient collectif. C'est pourquoi il est important d'entrer en contact avec lui (l'anima pour une homme ou l'animus pour la femme). C'est également l'archétype qui est responsable de notre vie amoureuse. Comme le suggèrent certains mythes grecs antiques, nous sommes toujours à la recherche de notre autre moitié. Généralement, lorsque nous sommes amoureux, c'est que nous avons trouvé une personne qui correspond particulièrement bien à notre archétype d'anima ou d'animus.
Les élixirs de cristaux sont des alliés importants pour se reconnecter avec son anima ou son animus.

Anima/Animus et les élixirs de cristaux

<u>Pour se connecter avec son animus</u> : élixirs de grenat, de zircon, de magnétite, de quartz rutile.
<u>Pour se connecter son anima</u> : élixirs de tourmaline verte, d’émeraude, de zéolite, de quartz rose.

Anima/Animus et les huiles de cristaux

Les huiles de cristaux, comme les élixirs, sont des agents d’équilibres pour les méridiens. L’harmonisation des méridiens du vaisseau conception et du vaisseau gouverneur, permet de se reconnecter avec son anima ou son animus

Vaisseau Conception = Canal lunaire = énergie féminine
Pour les personnes ayant une grande difficulté ou une souffrance dans le rapport au féminin et au «maternel». Pour les enfants ayant des difficultés relationnelles avec les parents ou encore «ne voulant pas grandir».
Action et massage sur le vaisseau conception : vous devez intervenir sur la zone du hara (juste en dessous du nombril).
Huile de cristal : lapis-lazuli.

Vaisseau Gouverneur = Canal solaire = énergie masculine
Pour les grandes difficultés ou pour une grande souffrance dans le rapport au masculin et au «paternel»
Action et massage sur le vaisseau gouverneur : du coccyx en remontant la colonne vertébrale sur 5 cm.
Huile de cristal : grenat.

II. PSYCHISME ET MALADIES

Les maux du corps sont les maux de l'âme. Cette affirmation qui relevait plus de l'intuition que de la médecine est en passe de devenir une vérité scientifique. Les travaux de certains chercheurs et notamment du Pr. Herzog démontrent que la recherche du choc affectif initial, de la violence originaire, est une clé de la guérison.
Chacun sait que toutes nos émotions sans exception, sont accompagnées de modifications physiologiques. La colère se traduit par une accélération cardiaque, la crainte par des palpitations, l'angoisse par une rétention d'eau et des mictions fréquentes. Toutefois, pendant longtemps, la psychosomatique ne s'est intéressée qu'aux maladies fonctionnelles. Mais depuis quelques années, certains chercheurs qui se sont penchés sur les origines psychiques des pathologies physiques découvrent que l'ensemble des pathologies (dégénératives, infectieuses, allergique, auto-immunes…) peuvent avoir une source psychique.

1. Le mécanisme de la somatisation

Face à une situation négative, un stress, un traumatisme, le sujet qui ne peut faire face va adopter une conduite de fuite. Cette fuite correspond à l'attitude de l'ermite qui tente de se protéger du monde. Cette réaction est une tentative pour se protéger, pour préserver sa propre identité malmenée. Dans ce cas, le sujet crée des repères à ne pas dépasser et, en conséquence, des somatisations personnelles en cas de franchissement des interdits qu'il s'est lui-même posé, c'est-à-dire des punitions. Lorsque la situation est subie plus qu'affrontée et que la fuite est choisie, le sujet s'échappe avec une blessure, car les agressions laisse toujours une empreinte. Le sujet va se replier sur sa blessure, son comportement va se caractériser par un isolement. Il s'ensuit un isolement intérieur même si la personne reste sociabilisée. Les isolements, qui sont des sortes d'autisme léger, sont les premiers pas vers l'apparition de pathologies physiques et mentales qui peuvent être lourdes.

2. Le mécanisme biologique

Ces observations cliniques ont désormais leurs explications scientifiques. Comme un organiste joue sa partition, l'organisme module, gère, régule son fonctionnement. Dans le cas de troubles psychiques, il peut se produire des sons dissonants, des échos. Les couacs vont commencer à se faire entendre dans l'organisme et, des réactions chimiques distordues vont se produire au niveau des synapses (cellules nerveuses), des neuromédiateurs, avec des phénomènes d'inhibition ou au contraire de facilitation. Les déficiences des échanges chimiques se développent soit de façon fulgurante, soit de façon chronique. Ces ruptures, ces agressions, se traduisent par une rupture protéinique. Le déséquilibre au niveau des chaînes protéiniques (carburant élémentaire de toutes les réactions biologiques et physiologiques) va créer des déséquilibres aux niveaux hormonal, endocrinien, bactérien et des destructions neuronales. En se poursuivant, ce phénomène s'inscrit dans le génome, donc dans la descendance. C'est pourquoi, il n'est pas rare de trouver des lignées

de familles de cancéreux, de migraineux, de colitiques etc.
Des chocs de somatisations peuvent se révéler après une génération. Un enfant aussi peut très bien avoir reçu un choc de l'orgueil et ne déclencher progressivement une pathologie qu'une vingtaine d'année après.

3. Les élixirs de cristaux et le psychisme

La thérapie par les élixirs de cristaux est optimum, si l'on tient compte des relations existantes entre certains malaises et les émotions.
Si l'on traite un symptôme isolé, la démarche ne donnera pas un résultat optimal. Il est vrai que l'on peut agir et qu'il y aura un effet, mais tôt ou tard le corps se rebellera, car il nous rappellera que nous n'avons pas réglé le problème qui peut être la cause de ces troubles énergétiques et le malaise sera amplifié.
Il faut, pour avoir de bons résultats, restaurer l'énergie de tous les centres énergétiques et des méridiens, avant de s'attaquer à un problème bien spécifique. Il est donc important d'avoir recours à l'élixir de cristal de roche. Cet élixir va stimuler le système énergétique avant un traitement spécifique.
L'être est un tout, on ne le rappellera jamais assez, il est important de prendre en compte toute la structure psychologique du natif pour cerner les réelles causes des problèmes énergétiques.

4. Quelques somatisations

La peau : les pathologies cutanées (eczéma, acné, pelade, psoriasis) sont la marque d'un défaut de «territoire affectif». Le sujet n'est pas sûr de son monde affectif ni des personnes qui le peuplent. Il manifeste son inconfort affectif par des éruptions qui masquent les carences.
Élixirs de cristaux conseillés : hémimorphite, émeraude, tourmaline verte.

La tête : la personne ressasse ses problèmes, elle stagne dans cette situation en acceptant le fatalisme.

Élixirs de cristaux conseillés : cristal de roche, améthyste, fluorite.

La gorge : la personne a des problèmes de communication, elle n'ose pas exprimer ses sentiments ; elle préfère pour avoir la paix vivre dans l'hypocrisie, dire la vérité est un effort pratiquement insurmontable.
Élixirs de cristaux conseillés : lapis-lazuli, aigue-marine, amazonite.

La poitrine : le sujet ressent et a le désir de sortir un problème qui le pèse depuis longtemps, mais il est en difficulté pour assumer les efforts qu'il devra faire pour le faire disparaître. Chocs psychologiques (pertes d'être cher, abus sexuel).
Élixirs de cristaux conseillés : émeraude, kunzite, zéolite.

La matrice : refoulement de la féminité, refus d'assumer sa propre vie, sa sexualité.
Élixirs de cristaux conseillés : zircon, grenat, saphir.

Les articulations : étroitesse d'esprit, rigidité, manque d'adaptation, le natif a pu évoluer dans l'enfance dans un environnement familial sévère et sans affections.
Élixirs de cristaux conseillés : magnétite, malachite, chalcopyrite.

L'index thérapeutique, à la fin du livre, prend en compte l'aspect physique mais aussi somatique des pathologies.

*

DIXIÈME PARTIE

Exemples de cas et conseils pratiques

I. EXEMPLES DE CAS

Nous vous donnons certains exemples issus de notre pratique en approche ayurvédique et en énergétique chinoise.

1. Approche ayurvédique

• Une consultante de 42 ans souffre de douleurs lombaires et d'une déprime. Ses jambes sont raides et ses genoux douloureux.

Contexte psychique : perte récente de son époux.

Chakras en cause :
- le chakra racine : la personne a «perdu pied». La question est de savoir si elle dispose d'une base suffisante pour pouvoir refaire surface et surmonter sa peine,
- le chakra sacré : le partage dans l'intimité est perturbé,
- le chakra du cœur : pour accepter la perte, puis le dépassement affectif de la perte.

Élixirs de cristaux pour les chakras :
- le chakra racine : élixir de tourmaline noire,
- le chakra sacré : élixir de grenat,
- le chakra du cœur : élixir d'émeraude.

Huile de cristaux pour les chakras : huile émeraude

La personne a pris pendant 3 jours en cure intensive, l'élixir de tourmaline noire afin d'être à nouveau bien ancrée à la terre. Ensuite, pendant 21 jours, elle a pris l'élixir d'émeraude pour refaire surface et renforcer ses corps auriques. Ensuite, pendant 21 jours elle a pris l'élixir de grenat en alternance avec l'élixir de tourmaline verte pour accepter, avaler les émotions, chasser les idées noires. Elle a aussi réalisé tous les soirs un massage avec l'huile d'émeraude sur le chakra du cœur. Ce renforcement et nettoyage émotionnel ont fait disparaître l'état dépressif et les douleurs lombaires. Les reins se sont assouplis, ses jambes et ses genoux ont retrouvé leur flexibilité. Cette personne a pu de nouveau avancer dans la vie.

• Un consultant de 56 ans souffre de problèmes oculaires, sa vue baisse de jour en jour et ses yeux sont constamment irrités.

Contexte psychique : ce consultant a vécu un divorce douloureux. Depuis quelques mois il a une relation affective très instable qu'il entretient faute d'avoir le courage d'y mettre fin. Cet homme très sensible s'aveugle devant la réalité, ferme les yeux et n'exprime ni son sentiment d'impuissance, ni son chagrin.

Chakras en cause :
- le plexus solaire : la personne n'a pas confiance en elle et redoute d'être seule,
- le chakra de la gorge : la communication est volontairement bloquée, toujours à cause de ce manque de confiance,
- le chakra du 3e œil : le consultant n'obéit pas à son intuition, il ne veut pas voir la vérité en face.

Élixirs de cristaux pour les chakras :
- le plexus solaire : élixir de chalcopyrite,
- le chakra de la gorge : élixir d'amazonite,
- le chakra du 3e œil : élixir d'améthyste.

Huile de cristaux pour les chakras : huile d'améthystc

Le consultant a pris pendant 21 jours l'élixir de chalcopyrite pour renforcer son ego en alternance avec l'élixir d'amazonite qui favorise la communication et relativise les émotions. Ensuite, il a pris l'élixir d'améthyste pendant 21 jours et il a réalisé des massages de son 3e œil avec l'huile d'améthyste afin d'être à l'écoute de son intuition et de son «maître intérieur». La synergie des élixirs et de l'huile de cristal a permis à cet homme d'ouvrir les yeux face à une relation destructrice. Les problèmes oculaires ont disparut immédiatement après sa rupture.

• Une consultante de 26 ans souffre de crises d'asthme.

Contexte psychique : durant son enfance, la consultante a été brimée et elle ne parvient pas toujours à s'affirmer dans son contexte familial et professionnel. Sa vie sentimentale fait l'objet de multiples échecs.

Chakras en cause :
- le chakra du cœur et de la gorge : l'épreuve émotionnelle n'a pas été surmontée,
- le chakra du cœur : pour évacuer le négatif du corps mental.

Élixirs pour les différents chakras :
- le chakra du cœur : élixir de kunzite
- le chakra de la gorge : élixir de saphir.

Huile de cristaux pour les chakras : huile d'émeraude

La personne a pris pendant 21 jours l'élixir de kunzite et elle a réalisé des massages de son chakra du cœur avec l'huile d'émeraude pour transcender sa souffrance émotionnelle, en alternance avec l'élixir de saphir pour évacuer par la parole son mal être. La synergie de l'élixir de kunzite et l'huile d'émeraude est une alliée importante pour les personnes ayant subi des chocs émotifs. Les problèmes d'asthme de cette personne ont totalement disparus car elle a pu évacuer rapidement tous ces ressentis négatifs qu'elle avait en elle depuis de nombreuses années.

2. Approche en énergétique chinoise

• Un consultant de 45 ans souffre d'impuissance. Son couple se détériore car l'absence de sexualité dans le couple trouble son épouse.

Contexte psychique : le consultant travaille dans une structure avec un management «pression», il est sans cesse sollicité par ses supérieurs. Il est à noter aussi que cette personne subit une importante pollution électromagnétique car son bureau est équipé de quatre centrales informatiques et de 4 écrans d'ordinateurs. L'impuissance a de multiples causes. Elle résulte soit de problèmes pathologiques, soit de troubles fonctionnels, soit de l'utilisation de certains médicaments médicamenteux, soit de problèmes psychologiques. Le surmenage et un stress excessif non géré sont aussi des facteurs d'impuissance passagère ou à long terme.

Méridiens en cause :
- le méridien du Cœur (déficit),
- le méridien Triple Réchauffeur.

Élixirs de cristaux pour les méridiens :
- les méridiens du Cœur, du Triple Réchauffeur : élixir de grenat

Huile de cristaux pour les méridiens : huile de grenat

Cure de 3 jours intensifs d'élixir de magnétite pour la dépollution électromagnétique et de cristal de roche pour stimuler les cellules. Cure de 21 jours de grenat pour renforcer les méridiens du Cœur et du Triple Réchauffeurs en alternance avec une cure d'élixir d'émeraude. Des massages avec de l'huile de grenat au niveau du méridien du Triple Réchauffeurs et du méridien du Coeur ont été pratiqués pendant 7 jours.

Au bout d'un mois le désir était revenu. Le consultant a décidé aussi de quitter cette entreprise qui était nuisible pour sa santé physique et psychologique. Un esprit libéré permet de vivre pleinement sa vie sociale, amoureuse et spirituelle.

• Une consultante de 56 ans subit une importante dépression nerveuse depuis deux années.

Contexte psychique : la consultante est mariée avec un époux infidèle. Elle connaît la double vie de son époux, mais elle n'a pas le courage de lui dire qu'elle voudrait le quitter.

Méridiens en cause :
- le méridien du Cœur,
- le méridien de la Rate/Pancréas,
- le méridien du Foie.

Élixirs de cristaux pour les méridiens :
- le méridien du Cœur : élixir de cristal de roche,
- les méridiens Rate/Pancréas et Foie : élixirs de citrine et émeraude.

Huile de cristaux pour les méridiens : huile de cristal de roche.

La personne a pris pendant 21 jours l'élixir de cristal de roche et réalisé des massages avec l'huile de cristal de roche pour renforcer principalement le méridien du Cœur. Elle a pris ensuite l'élixir de citrine en alternance avec l'élixir d'émeraude pour renforcer le méridien de la Rate/Pancréas et du Foie. Au bout de 3 semaines, la consultante est parvenue à prendre la décision de quitter son époux et surtout de lui parler de son attitude. Les symptômes de la dépression se sont rapidement estompés. Actuellement, cette personne a refait sa vie avec un homme attentionné et surtout fidèle.

• Un consultant de 35 ans a des migraines depuis 6 mois.

Contexte psychique : le consultant travaille dans la société de son père. Il a un très bon poste mais il souhaite voler des ses propres ailes. Son père ayant un caractère très autoritaire, le consultant a de gros problèmes de communication avec lui. Il n'ose pas lui avouer qu'il souhaite quitter l'affaire familiale pour créer sa propre société. Cette situation l'angoisse énormément et lui procure des crises de migraines très douloureuses.

Méridiens en causes :

- le méridien de la Vésicule Biliaire,
- le méridien du Triple Réchauffeur,
- le méridien du Cœur.

Élixirs pour les méridiens :

- le méridien de la Vésicule Biliaire : élixir de tourmaline verte,
- les méridiens du Triple Réchauffeur et du Cour : élixir d'améthyste.

Huile de cristaux pour les méridiens : huile d'améthyste.

Le consultant a pris pendant 21 jours l'élixir de tourmaline verte pour apaiser son mental. Il a réalisé aussi des massages avec l'huile d'améthyste pour renforcer son psychisme et pour agir contre sa migraine. Il a pris ensuite pendant 21 jours l'élixir d'améthyste afin de dissiper ses angoisses. Peu de temps après la prise du premier élixir, le consultant a eu une discussion avec son père. La discussion a été vive, mais le consultant a gardé son calme afin d'exposer ses arguments. Actuellement, il a créé sa propre société et les rapports avec son père se sont nettement améliorés.

II. CONSEILS PRATIQUES

Le corps physique est la partie visible de l'immense iceberg que constitue l'être humain.

La plupart des terriens ont un corps malade, parce que l'homme ne vit pas en harmonie avec les énergies cosmo-telluriques. Pour la majorité des humains, cette rupture énergétique génère un mental déséquilibré. Au niveau du plan physique, ce déséquilibre produit toute sorte de dérèglements et de pollutions. À l'inverse, quand un homme tente de renouer le contact avec des plans plus élevés, il doit reprendre le contrôle sur son corps physique et **engager un processus de purification**, car seule cette transparence, qui le rapproche du cristal, le rapproche aussi de son essentialité.

1. Vivre dans un endroit vibratoire sain

Notre habitat est sous l'influence du Ciel et de la Terre, que l'on appelle énergies cosmo-telluriques. Ces phénomènes, qui agissent sur notre organisme à notre insu, sont indispensables au maintien de la vie. Nous réagissons, bien ou mal, à cet environnement vibratoire selon la qualité des ondes qui en émanent, mais, également, selon notre capacité à recevoir et drainer ces ondes. Il est donc important et vital d'éliminer les pollutions électriques en rétablissant l'équilibre cosmo-tellurique du lieu de vie. La synergie des élixirs de cristal de roche et de tourmaline noire est très efficace contre les vibrations négatives.

2. Les pollutions électromagnétiques

La peau du corps se charge d'électricité statique et d'ions positifs. Prendre les élixirs de cristal de roche et de tourmaline noire, des douches et des bains tous les jours est fortement conseillé. L'eau neutralise les nuisances électromagnétiques en synergie avec les élixirs de cristal de roche et de tourmaline noire.

3. L'alimentation

Cette purification concerne d'abord la nourriture. Il faut se nourrir sainement et d'une manière variée et équilibrée. Évitez la cuisine grasse et lourde qui affaiblit le système énergétique, ainsi que les mets à base de poivre et de piments, qui accentuent l'acidité du corps physique. Il est impératif de manger modérément et il faut choisir en priorité des aliments qui ont gardé un rayonnement énergétique maximum, que ni la conservation, ni la cuisine n'ont altéré (légumes, salades céréales, fruits frais et secs, œufs, laitages (sauf le lait de vache) et le miel). Il est important d'absorber des aliments ayant une haute vibration. Ceux ci vont communiquer aux différents corps toutes les richesses qu'ils renferment sur tous les niveaux. Les aliments à hautes vibrations sont essentiellement des légumes, des fruits frais, des céréales, des laitages crus, du miel et des graines germés qui ont un potentiel énergétique prodigieux. Si vous consommez de la viande, essayez de diminuer votre consommation progressivement. La notion du « progressif » est importante, car une rupture trop brutale entraînerait un choc en retour avec un résultat inverse de celui que l'on souhaite.

4. Les boissons

Pour les boissons, il faut boire en grande quantité de l'eau dynamisée au cristal, du thé (avec modération) des jus de fruits ou de légumes frais plutôt que le classique café, sodas, alcool. La meilleure des boissons est l'eau dynamisée au cristal de roche.

Les aliments nourrissent le corps physique mais aussi les corps auriques. Il est possible d'élever les vibrations de votre nourriture avec l'aide de cristaux de roche que vous aurez préalablement dynamisés avec l'élixir de cristal de roche pour décupler ses effets. Ainsi, chacun de vos corps auriques va pouvoir y puiser des réserves énergétiques importantes.

5. Le réfrigérateur : pollution électrique importante des aliments

Il est impératif de mettre de la tourmaline noire dans votre réfrigérateur et congélateur. Ces appareils sont considérés comme de véritables cages de Faraday. Rien ne passe à l'extérieur, heureusement pour la conservation des aliments, mais il y a une forte pollution électrique à l'intérieur des l'appareils. Le résultat est que tous vos aliments mis à l'intérieur de vos appareils ont un taux vibratoire faible. Ils nourrissent uniquement votre corps physique mais pas vos corps énergétiques qui sont aussi importants.

6. Le micro onde : altère l'énergie vitale des aliments

Les micro-ondes sont des ondes de grandes fréquences (appelées hyperfréquences). Leur longueur d'onde est petite, de l'ordre de quelques centimètres. Ces ondes sont animées par une énergie électromagnétique. Elles sont comparables à celles des radars.

Les arguments ne manquent pas pour être plus que circonspect vis-à-vis de ce mode de cuisson, car la fréquence de ces micro-ondes est de 2 450 MHz, ce qui signifie que les molécules de l'aliment sont agitées par une vibration changeant de polarité de 2 450 000 000 de fois en une seconde ! De quoi bouleverser l'organisation et les propriétés intimes de l'aliment. Le test de cristallisation sensible montre bien que le four à micro-ondes est le mode de cuisson qui désorganise le plus l'aliment et altère son énergie vitale.

7. Le soleil et ses bienfaits

Prendre des bains de soleil est également très bénéfique pour le corps et le système énergétique, cela renforce les défenses immunitaires. Attention tout de même aux abus de soleil, un excès de rayonnement ultraviolet est négatif pour la santé.

8. Les vêtements naturels

Utilisez des vêtements en fibre naturelle : coton, laine ou lin. Les vêtements synthétiques sont, en effet, générateurs d'électricité statique.

9. Avoir des pensées positives pour renforcer le système immunitaire

Une des clés pour expliquer la relation entre l'esprit et la santé physique est probablement le système immunitaire.
Notre système immunitaire est notre système de défense contre toute agression extérieure. Dès que nous vivons de la colère ou toute émotion agressive contre soi ou les autres, nous diminuons notre capacité de nous protéger contre ce qui se passe à l'extérieur. Les pensées et les émotions négatives affaiblissent considérablement notre système immunitaire. Les élixirs de tourmaline verte et d'émeraude sont recommandés en cas d'émotions intenses et de pensées négatives.

10. Prendre du recul

Il est important de prendre du recul face à certaines situations. On peut le faire tout simplement en visualisant le fait de prendre de la distance ou en le faisant réellement comme dans une situation d'agression. L'huile d'émeraude est conseillée.

11. Les bienfaits de la marche

C’est l'activité physique la plus bénéfique. Naturelle, elle traite le corps avec respect en ne plaçant que la quantité de stress voulue sur les articulations. Les gens de tout âge, et de presque toute condition physique, peuvent s'y adonner confortablement sans crainte de se blesser. La marche est agréable, relaxante et bonne pour la santé. Une marche rapide de 30 minutes, quatre à sept fois par semaine, réduit le risque de maladies cardiaques, de diabète, d'obésité, d'ostéoporose et de certaines formes de cancers. Les adeptes de la marche ont plus d'énergie, de résistance, dorment mieux et souffrent moins de stress.

12. La musicothérapie

L’ouïe est l’un des sens les plus proches du monde de nos sentiments. Certains chercheurs en musicothérapie ont étudié ces phénomènes de très près. De toute évidence, la musique influence la psyché humaine. Muni de ces connaissances, agissez sur vos états d’âme et sur votre santé. En Inde et en Chine, la musique sert de but thérapeutique depuis plusieurs centaines d’années, elle a même été appliquée avec succès au traitement de certaines maladies dans les hôpitaux. Pourquoi l’occident ne pourrait-il pas profiter de ce savoir éprouvé, pour enrichir la vie de l’âme ?

13. Gérer votre stress

Le stress est à l’origine de déséquilibres neuroendocriniens qui peuvent avoir des conséquences négatives sur tout l’organisme. Sous l’effet d’un stress prolongé, le niveau de certaines hormones s’élève durablement, ce qui affaiblit les défenses immunitaires et soumet le système cardio-vasculaire à une intense pression. Vous avez dans le chapitre « élixirs anti-stress», toute une gamme d’élixirs afin de trouver des solutions efficaces contre les différents stress.

14. Bien dormir

La connaissance de quelques points d'acupuncture est précieuse afin de vous relaxer avant de vous endormir. Il y a le point du cœur à l'intérieur du poignet, le maître du cœur à l'intérieur de la main et le vaisseau conception entre les seins. Quelques gouttes d'élixir ou d'huile de cristaux sur ces points sont idéales pour apaiser le corps et l'esprit.

Si vous avez des insomnies, vous pouvez utiliser l'élixir de labradorite, en association avec l'élixir de rhodochrosite, afin d'avoir un sommeil paisible et réparateur. Faire aussi une méditation avant de s'endormir avec un cristal sur le chakra du cœur aide à évacuer les énergies négatives de la journée.

15. Auto-massage des chakras

Notre corps physique est précieux, d'où la nécessité de l'entretenir et de le nettoyer soigneusement. Notre peau expulse constamment des toxines par les pores et régénère en repoussant des cellules mortes à l'extérieur. Une peau saine respire mieux et peut ainsi assimiler plus d'énergie subtile. Il est conseillé de faire des automassages des chakras avec des huiles de cristaux pour élever votre taux vibratoire.

16. Pratiquer la relaxation et la méditation

Prendre du temps pour soi est très important. La pratique de la relaxation et de la méditation apaise le corps et l'esprit. L'élixir d'améthyste est un allié pour ces deux pratiques indispensables pour régénérer le système énergétique. Vous pouvez masser certains chakras avec des huiles de cristaux et accompagner votre relaxation ou méditation de cristaux, que vous poserez en priorité sur le plexus solaire, le chakra du cœur et le 3e œil.

17. Faire des cures régulières d'élixirs de cristaux

Les élixirs de cristaux sont vos alliés dans votre quête du bien-être physique et psychique. Prendre régulièrement l'élixir de cristal de roche permet à votre système énergétique d'être plus fort. L'élixir de cristal de roche potentialise aussi les effets tous les autres élixirs de cristaux.
La cure des 5 saisons est aussi très recommandée afin de conserver votre capital énergétique intact.

Ces conseils ne sont que les conditions minimales d'un bon fonctionnement du système énergétique. La thérapie par les élixirs et les huiles de cristaux doit être accompagnée d'une vie saine. L'alimentation doit faire l'objet d'attention car c'est dans elle que l'organisme prélève les éléments et surtout l'énergie dont il a besoin. Gérer son stress et s'accorder des moments de détente sont aussi très conseillés. Le travail le plus important est donc d'améliorer votre alimentation, de gérer votre stress, de s'octroyer des moments pour s'occuper de son corps et de son esprit et d'avoir des pensées positives.

*

ONZIÈME PARTIE

INDEX THÉRAPEUTIQUE DE 120 PATHOLOGIES

Les conseils de cet index thérapeutique ne remplacent en aucun cas le traitement prescrit par votre médecin.

L'utilisation des élixirs et des huiles de cristaux permet dans de nombreux cas d'améliorer significativement les états physiques et psychologiques, ce sont des alliés précieux, une complémentarité des traitements conventionnels ou de médecines douces.

L'efficacité des élixirs et des huiles de cristaux est renforcée lorsqu'on tient compte des relations qui peuvent exister entre certains malaises et certaines émotions. Traiter un ou plusieurs symptômes isolés n'a aucun sens, le corps s'exprimera tôt ou tard avec une vigueur accrue et le mal sera devenu plus grave, plus profond. C'est la santé globale qui doit être restaurée. Les élixirs et les huiles de cristaux grâce à leur large spectre d'action permettent d'agir aussi bien au niveau physique qu'au niveau du psychisme.

-A-

Abcès

Manifestation physique : amas de pus collecté dans une cavité formée au sein d'un tissu par la destruction nécrotique de celui-ci.

Manifestation psychique : sentiments négatifs intériorisés, désespoir intérieur.

Élixirs de cristaux conseillés : chalcopyrite, hémimorphite, malachite, magnétite.

Huiles de cristaux conseillées : chalcopyrite, cristal de roche.

Acné

Manifestation physique : affection cutanée ayant comme point de départ les glandes sébacées annexées aux poils. Elle comporte des pustules superficielles localisées le plus souvent au visage, au dos et à la partie supérieure du thorax.

Manifestation psychique : difficultés à s'accepter, problème d'identité.

Élixirs de cristaux conseillés : tourmaline verte, émeraude, lapis-lazuli.

Huiles de cristaux conseillées : émeraude, lapis-lazuli.

Alcoolisme

Manifestation physique : cette pathologie est génératrice de dépendance, elle est d'ailleurs considérée comme une véritable toxicomanie. Un résultat ne peut être obtenu, comme avec le tabac, qu'à condition de faire preuve de volonté et d'adhérer totalement au traitement conseillé.

Manifestation psychique : autodestruction, dégoût de la vie, dévalorisation de soi.

Élixirs de cristaux conseillés : améthyste, zéolite, tourmaline verte, émeraude.

Huiles de cristaux conseillées : améthyste, émeraude.

Allergie

Manifestation physique : hypersensibilité acquise de l'organisme à certaines substances étrangères. Elle se traduit par une réaction immédiate sous la forme notamment d'eczéma, d'urticaire ou de rhume des foins, en relation directe avec l'agent allergique qui peut-être très variable (pollen, acariens, plumes certains fruits...).

Manifestation psychique : difficultés à gérer le monde extérieur qui est perçu comme dangereux.

Élixirs de cristaux conseillés : rhodochrosite, amazonite, lapis-lazuli, tourmaline verte.

Huiles de cristaux conseillées : émeraude, lapis-lazuli.

Anémie

Manifestation physique : diminution de la quantité des globules rouges et du taux d'hémoglobine. Il s'ensuit une très grande fatigue et une fragilisation du système immunitaire.

Manifestation psychique : rejet des responsabilités et de la vie.

Élixirs de cristaux conseillés : zircon, hémimorphite, magnétite, citrine.

Huiles de cristaux conseillées : grenat, citrine.

Angine

Manifestation physique : maladie inflammatoire aiguë du pharynx.

Manifestation psychique : le sujet a quelque chose en travers de la gorge qu'il n'arrive pas à exprimer. Sentiments de colère très intériorisés et qui ne peuvent pas sortir.

Élixirs de cristaux conseillés : lapis-lazuli, amazonite, saphir, cristal de roche.

Huiles de cristaux conseillées : lapis-lazuli, cristal de roche.

Angine de poitrine

Manifestation physique : douleur thoracique pouvant irradier vers le cou, la mâchoire inférieure et le bras, due à la mauvaise irrigation du cœur.

Manifestation psychique : le sujet ne prend pas de temps pour se laisser vivre. Il est grand temps qu'il pense lui afin de préserver la santé de son corps et de son esprit.

Élixirs de cristaux conseillés : quartz rutile, tourmaline verte, émeraude, quartz rose.

Huiles de cristaux conseillées : émeraude, améthyste.

Anorexie

Manifestation physique : perte de l'appétit. Syndrome survenant le plus souvent chez de jeunes filles et qui se caractérise par un amaigrissement souvent considérable, une aménorrhée et un état mental très fragile. Cette pathologie doit être prise en charge dans une unité spécialisée, le recours aux élixirs de cristaux sera la complémentarité d'un traitement préconisé par un médecin.

Manifestation psychique : la relation d'affect avec la mère et sa représentation nourricière a été insuffisante.

Élixirs de cristaux conseillés : tourmaline verte, citrine, saphir, aigue-marine, améthyste.

Huiles de cristaux conseillées : citrine, améthyste.

Artériosclérose

Manifestation physique : cette pathologie est due à une mauvaise hygiène de vie, les excès alimentaires et d'alcools en sont souvent la cause. Les artères, qui jouent un rôle vital dans l'organisme, deviennent dures, épaisses, se rétrécissent et peuvent se fissurer ou éclater au niveau du cœur, du cerveau, etc. Les élixirs de cristaux sont d'excellents alliés en association avec un traitement allopathique préventif.

Manifestation psychique : incapacité à donner du bonheur, de l'amour.

Élixirs de cristaux conseillés : grenat, tourmaline verte, émeraude, kunzite.

Huiles de cristaux conseillées : émeraude, grenat.

Arthrite

Manifestation physique : inflammation d'une ou de plusieurs articulations devenant chaudes, tuméfiées et rouges. Les arthrites peuvent être consécutives à un traumatisme, mais elles ont le plus souvent une cause interne.
Manifestation psychique : incapacité à nous reconnaître, à nous voir ou à nous accepter tels que nous sommes.

Élixirs de cristaux conseillés : magnétite, axinite, malachite, chalcopyrite, cristal de roche.

Huiles de cristaux conseillées : chalcopyrite, cristal de roche.

Arthrose

Manifestation physique : affection articulaire chronique, non inflammatoire, caractérisée anatomiquement par une altération du cartilage articulaire, par des modifications du tissu osseux qui le soutient. Le vieillissement et une alimentation trop riche sont souvent responsables de la surcharge en déchets toxiques de la plupart de nos grandes articulations, qui deviennent alors douloureuses, fragiles et invalidantes.

Manifestation psychique : difficultés à accepter ou à refuser une situation.

Élixirs de cristaux conseillés : rhodochrosite, magnétite, chalcopyrite, malachite.

Huiles de cristaux conseillées : chalcopyrite, émeraude.

Asthme

Manifestation physique : pathologie respiratoire qui se caractérise par des crises d'étouffement dues à des spasmes des bronches, provoqués le plus souvent par un facteur allergique extérieur.

Manifestation psychique : cri d'alarme pour exprimer une insatisfaction, une situation qui est vécue comme une agression.

Élixirs de cristaux conseillés : lapis-lazuli, quartz rutile, tourmaline verte, cristal de roche.

Huiles de cristaux conseillées : lapis-lazuli, émeraude.

Asthénie

Manifestation physique : diminution des forces, affaiblissement de l'état général avec difficulté à entreprendre une activité physique ou intellectuelle. Elle s'accompagne, la plupart de temps, de troubles du sommeil et d'une apathie face aux responsabilités de la vie.
Manifestation psychique : problème non évacué, ressassement d'une situation.

Élixirs de cristaux conseillés : zircon, grenat, chalcopyrite, magnétite.

Huiles de cristaux conseillées : grenat, chalcopyrite.

-B-

Ballonnement intestinal

Manifestation physique : augmentation du volume de l'abdomen, due à un excès de gaz intestinaux.

Manifestation psychique : frustration de la vie affective.

Élixirs de cristaux conseillés : zéolite, baryte, citrine, chalcopyrite.

Huiles de cristaux conseillées : citrine, chalcopyrite.

Bégaiement

Manifestation physique : trouble de la parole caractérisée par le fait de répéter involontairement ou de ne pas pouvoir prononcer certaines syllabes.

Manifestation psychique : sentiment d'insécurité, peur de la réaction des autres.

Élixirs de cristaux conseillés : saphir, émeraude, lapis-lazuli, grenat.

Huiles de cristaux conseillées : lapis-lazuli, grenat.

Boulimie

Manifestation physique : sensation de faim excessive et maladive, poussant à une consommation exagérée d'aliments. ***Cette pathologie correspond à une pulsion irrésistible et inhabituelle vers la totalité des aliments. La sensation d'avoir l'estomac plein ne limite pas l'envie de manger encore. Cette pathologie doit être prise en charge dans une unité spécialisée, le recours aux élixirs de cristaux sera la complémentarité d'un traitement préconisé par un médecin.***
Manifestation psychique : problèmes dans la vie sentimentale, compensation d'un manque affectif.

Élixirs de cristaux conseillés : kunzite, émeraude, aigue-marine, cristal de roche.

Huiles de cristaux conseillées : émeraude, cristal de roche.

Bronchite

Manifestation physique : inflammation de la muqueuse des bronches se traduisant par de la fièvre, de la toux, des sécrétions muqueuses et souvent des troubles de l'état général.

Manifestation psychique : agression extérieure importante, tentative du sujet d'évacuer un gros problème.

Élixirs de cristaux conseillés : quartz rutile, émeraude, lapis-lazuli, saphir, malachite.

Huiles de cristaux conseillées : émeraude, lapis-lazuli.

-C-

Calculs rénaux et biliaires

Manifestation physique : concrétion qui se forment dans différents organes aux dépens des sels contenus dans les liquides de l'organisme. Les calculs sont souvent fréquents au niveau des voies biliaires et des voies urinaires et sont l'origine de coliques hépatiques et néphrétiques. Ils peuvent constituer un obstacle à l'écoulement normal des sécrétions de l'organe en cause.

Manifestation psychique : idées intransigeantes, dureté envers soi et les autres.

Élixirs de cristaux conseillés : magnétite, cristal de roche, tourmaline verte, chalcopyrite.

Huiles de cristaux conseillées : chalcopyrite, cristal de roche.

Céphalées

Manifestation physique : se caractérise par un mal de tête diffus qui peut augmenter sous influence extérieure ou interne comme la lumière, les bruits, les grandes émotions, les abus d'alcools ou de drogues, un dérèglement hormonal ou un travail répétitif ou intellectuel intense.

Manifestation psychique : difficultés à accepter certaines pensées ou sentiments qui nous gênent ou nous contraignent.

Élixirs de cristaux conseillés : cristal de roche, quartz rutile, améthyste, amazonite.

Huiles de cristaux conseillées : améthyste, cristal de roche.

Cheveux (chute)

Manifestation physique : résulte de la dégénérescence progressive des bulbes pileux, dont les artérioles nourricières s'oblitèrent.

Manifestation psychique : lié à la perte ou à la peur de perdre quelque chose d'important.

Élixirs de cristaux conseillés : lapis-lazuli, saphir, magnétite, cristal de roche.

Huiles de cristaux conseillées : lapis-lazuli, cristal de roche.

Cholestérol (excès)

Manifestation physique : c'est une substance présente dans la plupart des tissus de l'organisme. Il provient pour partie de l'alimentation et pour partie du foie qui sait le fabriquer. L'excès de cholestérol dans sa forme «LDL» est toxique pour les vaisseaux et s'oppose au cholestérol dit «HDL» qui au contraire, protège les vaisseaux.

Manifestation psychique : peur de manquer.

Élixirs de cristaux conseillés : grenat, cristal de roche, baryte, émeraude.

Huiles de cristaux conseillées : grenat, émeraude.

Circulation sanguine (réguler la)

Manifestation physique : mouvement du sang que le cœur envoie par ses artères aux organes et qui revient des organes au cœur par les veines, après être passé par les capillaires.
Manifestation psychique : difficulté à laisser la vie circuler librement en nous. Quelles parties de nous-même nous n'aimons pas, quelle partie de vie nous rejetons.

Élixirs de cristaux conseillés : grenat, zircon, magnétite, tourmaline verte.

Huiles de cristaux conseillées : grenat, émeraude.

Colite

Manifestation physique : inflammation du colon due à une mauvaise digestion de certains aliments.

Manifestation psychique : peur de manquer, de se tromper ou refus d'abandonner une situation ou quelque chose.

Élixirs de cristaux conseillés : grenat, citrine, cristal de roche, améthyste.

Huiles de cristaux conseillées : grenat, citrine.

Constipation

Manifestation physique : caractérisée par la rareté des selles et la dureté des matières fécales. Elle peut être due à des erreurs d'alimentation (régime trop pauvre en légumes et en fruits), à une vie sédentaire, à une insuffisance des sécrétions digestives, en particulier de la sécrétion biliaire, à une colite.

Manifestation psychique : le sujet se sent vulnérable, sentiment d'insécurité.

Élixirs de cristaux conseillés : zéolite, grenat, magnétite, quartz rutile.

Huiles de cristaux conseillées : grenat, cristal de roche.

Corps auriques (voir 4e partie : L'Ayurvéda et les élixirs de cristaux)

Chakras (voir 4e partie : L'Ayurvéda et les élixirs de cristaux)

Crampes

Manifestation physique : contractions musculaires involontaires, douloureuses et survenant brusquement.

Manifestation psychique : refus d'une situation ou d'un problème.
Élixirs de cristaux conseillés : magnétite, malachite, chalcopyrite, magnétite.

Huiles de cristaux conseillées : chalcopyrite, grenat.

Cystite

Manifestation physique : inflammation aiguë ou chronique de la vessie, se traduisant par une envie fréquente d'uriner et des douleurs vives au moment de la miction.

Manifestation psychique : peurs par rapport à nos ancêtres que nous n'arrivons pas à dépasser.

Élixirs de cristaux conseillés : citrine, quartz rutile, émeraude, cristal de roche.

Huiles de cristaux conseillées : citrine, cristal de roche.

-D-

Défenses immunitaires (renforcer les)

Manifestation physique : une immunodéficience rend une personne particulièrement sensible aux infections. Elle est provoquée par des germes normalement inoffensifs et qui affectent seulement des organismes aux défenses immunitaires affaiblies.

Manifestation psychique : grandes difficultés à gérer le monde extérieur.

Élixirs de cristaux conseillés : cristal de roche, hémimorphite, zircon, chalcopyrite, émeraude.

Huiles de cristaux conseillées : chalcopyrite, émeraude.

Déminéralisation

Manifestation physique : diminution des taux de minéraux (calcium, phosphore, zinc, cuivre...), à l'intérieur des vertèbres, des os, risquant d'entraîner des fractures spontanées, des troubles métaboliques et une baisse importante de l'immunité naturelle.

Manifestation psychique : bouleversements de nos croyances profondes.

Élixirs de cristaux conseillés : cristal de roche, fluorite, magnétite, tourmaline verte.

Huiles de cristaux conseillées : cristal de roche, émeraude.

Dents (douleurs)

Manifestation physique : sensations pénibles, désagréables, ressenties au niveau des dents.

Manifestation psychique : difficultés de fond à affronter la vie, à la vivre à pleines dents.

Élixirs de cristaux conseillés : axinite, tourmaline noire, cristal de roche, chalcopyrite.

Huiles de cristaux conseillées : chalcopyrite, cristal de roche.

Dépression

Manifestation physique : se caractérise par une perturbation de l'état psychique affectant l'humeur. L'état dépressif se traduit par de la fatigue physique, du découragement, de la tristesse, de l'anxiété, des troubles du sommeil et de l'appétit.

Manifestation psychique : dérobade devant un devoir, une responsabilité ou une épreuve que l'on refuse d'accepter.

Élixirs conseillés : kunzite, tourmaline verte, émeraude, chalcopyrite.

Huiles de cristaux conseillées : chalcopyrite, émeraude.

Dermatose

Manifestation physique : nom générique de toutes les affections cutanées comme l'acné, la furonculose ou l'impétigo. Il est important de savoir que la peau est un moyen supplémentaire d'élimination de déchets et qu'elle devient active, donc malade quand les reins, le foie, les intestins, les poumons ne font pas leur travail.

Manifestation psychique : difficultés de contacts avec le monde extérieur.

Élixirs de cristaux conseillés : émeraude, tourmaline verte, lapis-lazuli, magnétite.

Huiles de cristaux conseillées : lapis-lazuli, émeraude.

Diabète

Manifestation physique : augmentation permanente du taux de sucre (glucose) dans le sang. On parle de diabète lorsque la glycémie est au-dessus de 1,50 grammes par litre.

Manifestation psychique : choc psychologique

au cours duquel le sujet est confronté à la destruction brutale de sécurités ou de croyances affectives.

Élixirs de cristaux conseillés : hémimorphite, citrine, chalcopyrite, baryte, cristal de roche.

Huiles de cristaux conseillées : chalcopyrite, citrine.

Digestion (difficile)

Manifestation physique : elle peut être due à une mauvaise alimentation, à un manque d'exercice quotidien ou à un état de stress. Il est impératif d'avoir une bonne digestion car d'autres problèmes peuvent survenir comme des ballonnements ou la constipation.

Manifestation psychique : le sujet a des difficultés à accepter une situation ou quelqu'un.

Élixirs de cristaux conseillés : zéolite, citrine, chalcopyrite, cristal de roche.

Huiles de cristaux conseillées : chalcopyrite, cristal de roche.

Dorsalgie

Manifestation physique : douleurs de la colonne vertébrale par arthrose, scoliose ou tassement vertébral.

Manifestation psychique : situation qui insupporte le sujet.

Élixirs de cristaux conseillés : magnétite, tourmaline noire, cristal de roche, malachite.

Huiles de cristaux conseillées : chalcopyrite, cristal de roche.

Douleurs

Manifestation physique : sensations pénibles se manifestant sous différentes formes (brûlures, piqûre, crampes, pesanteur, étirement, etc.). La douleur est associée à des lésions tissulaires, réelles ou potentielles, ou décrite comme si ces lésions existaient. La diversité de la douleur et le fait qu'elle soit difficile d'en proposer une définition satisfaisante.

Manifestation psychique : le sujet fait fausse route dans une situation ou vis-à-vis de quelqu'un.

Élixirs de cristaux conseillés : tourmaline noire, chalcopyrite, cristal de roche, malachite.

Huiles de cristaux conseillées : cristal de roche, chalcopyrite.

Dystonie neurovégétative

Manifestation physique : se caractérise par un trouble du fonctionnement du système sympathique pouvant affecter aussi bien l'appareil digestif que les appareils génito-urinaire, respiratoire ou circulatoire.

Manifestation psychique : difficultés à évacuer un sentiment négatif ancien.

Élixirs de cristaux conseillés : zéolite, citrine, saphir, axinite, tourmaline verte.

Huiles de cristaux conseillées : citrine, cristal de roche.

Dysménorrhées

Manifestation physique : anomalie de la contractilité utérine.

Manifestation psychique : la personne est trop exigeante envers elle, problème en rapport avec l'anima, la féminité et la mère.

Élixirs de cristaux conseillés : rhodochrosite, grenat, citrine, cristal de roche.

Huiles de cristaux conseillées : grenat, citrine.

Dyspepsie

Manifestation physique : manifestations douloureuses, plus particulièrement gastriques. Sous le terme de dyspepsie on regroupe l'ensemble des sensations désagréables que provoque une digestion de mauvaise qualité. Il peut s'agir de brûlures, de ballonnement, de douleurs, d'aigreurs ou de nausées. ***Il est impératif d'avoir une alimentation équilibrée, avant d'avoir recours à une automédication.***

Manifestation psychique : difficultés dans la maîtrise ou la gestion du monde matériel.

Élixirs de cristaux conseillés : grenat, chalcopyrite, citrine, cristal de roche.

Huiles de cristaux conseillées : chalcopyrite, grenat.

-E-

Eczéma

Manifestation physique : manifestation cutanée d'une mauvaise tolérance à un produit local ou à un aliment. Les localisations en sont diverses et revêtent soit l'aspect de petites vésicules sur fond rouge avec des démangeaisons intenses, soit de grandes plaques cerclées par un liseré plus foncé.

Manifestation psychique : défense réactive du sujet venant de l'extérieur.

Élixirs de cristaux conseillés : hémimorphite, lapis-lazuli, saphir, malachite.

Huiles de cristaux conseillées : lapis-lazuli, émeraude.

Enrouement (Voir gorge)

Manifestation physique : altération de la voix, qui change de timbre, de tonalité, de hauteur. On observe l'enrouement, dans la plupart des affections du larynx, inflammatoires aiguës ou chroniques, tumorales ou paralytiques. Les fumeurs sont fréquemment enroués.

Manifestation psychique : problème de communications, difficultés pour exprimer ses émotions.

Élixirs de cristaux conseillés : saphir, amazonite, lapis-lazuli, cristal de roche.

Huiles de cristaux conseillées : lapis-lazuli, cristal de roche.

Entorse

Manifestation physique : lésion douloureuse d'une articulation correspondant à une élongation ou un arrachement ligamentaire à la suite de mouvement de torsion brusque.

Manifestation psychique : difficultés à bouger, à changer de direction, d'attitude ou de position dans un domaine de notre vie.

Élixirs de cristaux conseillés : axinite, magnétite, malachite, chalcopyrite, tourmaline noire.

Huiles de cristaux conseillées : chalcopyrite, cristal de roche.

Épilepsie

Manifestation physique : affection caractérisée par la répétition chronique de décharges (activations brutales) des cellules nerveuses du cortex cérébral. Tout le monde peut faire une fois dans sa vie une crise d'épilepsie. On ne parle de maladie épileptique que dans les cas où des crises se répètent pendant des mois ou des années. ***Un suivi régulier est conseillé auprès d'un spécialiste, avant d'avoir recours à une automédication.***

Manifestation psychique : le sujet est déçu de lui-même, de son incapacité à agir, à décider les choses. Autopunition inconsciente.

Élixirs de cristaux conseillés : cristal de roche, saphir, émeraude, améthyste.

Huiles de cristaux conseillées : améthyste, cristal de roche.

-F-

Fatigue

Manifestation physique : se caractérise par la diminution des capacités de performance de l'organisme devant l'action, rendant celle-ci pénible, voire douloureuse. ***Cet état peut être en relation avec des problèmes psychologiques ou organiques qui doivent être diagnostiqués avant d'avoir recours à l'automédication par les pierres et les aimants.***

Manifestation psychique : refus des responsabilités quotidiennes.
Élixirs de cristaux conseillés : grenat, hémimorphite, magnétite, chalcopyrite, cristal de roche.

Huiles de cristaux conseillées : grenat, émeraude.

Fibromes

Manifestation physique : développement à l'intérieur de l'utérus de tumeurs bénignes faites de fibres musculaires entrelacées, enrobées dans le tissu conjonctif et entouré d'une capsule épaisse qui limite leur extension anarchique. Les fibromes peuvent se développer à la surface de l'utérus, augmentant alors globalement son volume ou aux dépend de sa cavité, qu'ils occupent et dans laquelle ils s'infectent, provoquant alors des hémorragies importantes qui prolongent anormalement les règles. ***Avis médical indispensable.***

Manifestation psychique : sentiments d'un constat d'échec par rapport à une situation ou une personne.

Élixirs conseillés : zircon, grenat, magnétite, citrine, hémimorphite.

Huiles de cristaux conseillées : grenat, citrine

Frigidité

Manifestation physique : impossibilité pour une femme d'obtenir une jouissance normale ou orgasme au cours des rapports sexuels. La frigidité engendre souvent une absence de désir ou anaphrodisie. Les causes en sont diverses, locales ou générales et le rôle du partenaire tient une place privilégiée dans l'analyse de la situation.

Manifestation psychique : difficulté à vivre les plaisirs de la vie et en particulier de l'activité, qu'elle soit professionnelle, sociale ou familiale. Blocage affectif important.

Élixirs de cristaux conseillés : grenat, zircon, rhodochrosite, cristal de roche.

Huiles de cristaux conseillées : grenat, citrine.

Furonculose

Manifestation physique : le furoncle correspond à l'infection d'un follicule pileux (poil) par un germe particulier, le staphylocoque doré. La furonculose correspond donc à la survenue successive ou simultanée de plusieurs furoncles.

Manifestation psychique : ce qui «pourrit en nous», nous infecte, reste à l'intérieur tout en se voyant sur la peau.

Élixirs de cristaux conseillés : hémimorphite, chalcopyrite, lapis-lazuli, malachite.

Huiles de cristaux conseillées : lapis-lazuli

-G-

Gastralgies

Manifestation physique : on désigne sous ce terme toutes les douleurs qui peuvent affecter l'estomac. L'origine psychosomatique en est fréquente et le traitement doit en tenir compte pour éviter les rechutes.

Manifestation psychique : difficultés dans la maîtrise ou la gestion du monde matériel.

Élixirs de cristaux conseillés : zéolite, améthyste, citrine, baryte, chalcopyrite.

Huiles de cristaux conseillées : améthyste, citrine.

Goutte

Manifestation physique : elle correspond à une accumulation de cristaux d'urate de sodium au niveau des petites articulations du membre inférieur. La crise de goutte est spectaculaire et très douloureuse et touche de façon privilégiée, un ou les deux gros orteils, qui deviennent très douloureux, rouges et tuméfiés, empêchant toute marche et toute activité. Le diagnostic est souvent évident et sera aidé par les résultats d'un examen sanguin qui montrera un taux d'acide urique très nettement supérieur à la normale, qui est de 50 mg par litre.

Manifestation psychique : colères intérieures non exprimées ou non admises, soit contre le monde extérieur, soit contre soi-même.

Élixirs de cristaux conseillés : malachite, chalcopyrite, magnétite, cristal de roche.

Huiles de cristaux conseillées : chalcopyrite, cristal.

-H-

Hémorroïdes

Manifestation physique : dilatation variqueuse des veines de l'anus et du rectum. Elles sont le témoin d'un trouble circulatoire général, d'une insuffisance hépatique ou d'une constipation opiniâtre.

Manifestation psychique : manque de confiance en soi et en l'avenir.

Élixirs de cristaux conseillés : grenat, zircon, magnétite, citrine, cristal de roche.

Huiles de cristaux conseillées : grenat, cristal de roche.

Hépatite

Manifestation physique : inflammation du foie, quelle qu'en soit la cause. L'hépatite peut être d'origine infectieuse et prend soit la forme d'hépatite ictérigène (ictère dû à un virus), soit celle d'hépatite suppurée (aboutissant à un abcès). Elle peut aussi relever de causes toxiques, au premier rang desquelles, se place l'alcool. ***L'automédication est conseillée après un traitement ordonné par votre médecin.***

Manifestation psychique : colère intériorisée, difficultés à digérer une situation.

Élixirs de cristaux conseillés : hémimorphite, baryte, citrine, améthyste, émeraude.

Huiles de cristaux conseillées : citrine, chalcopyrite.

Herpès

Manifestation physique : affection à virus des présentant sous la forme de petit bouquets de vésicules claires qui sèchent rapidement pour être remplacées par des croûtes brunâtres très douloureuses.

Manifestation psychique : qu'avons-nous à dire qui nous brûle ? Qu'avons-nous dit qui nous a 'brûlé' parce que dit trop fort ou trop vite ?

Élixirs de cristaux conseillés : hémimorphite, chalcopyrite, cristal de roche, magnétite,

Huiles de cristaux conseillées : améthyste, chalcopyrite.

Hypertension artérielle

Manifestation physique : augmentation de la tension des parois artérielles parce que le sang qu'elles contiennent a une pression supérieure à la normale. ***Un examen médical à la recherche d'une pathologie grave doit précéder tout traitement.***

Manifestation psychique : grande tension intérieure. Hypersensibilité.

Élixirs de cristaux conseillés : aigue-marine, kunzite, émeraude, lapis-lazuli.

Huiles de cristaux conseillées : émeraude, lapis-lazuli.

Hypotension artérielle

Manifestation physique : abaissement au-dessus de la normale, de la tension vasculaire, l'hypotension apparaît quand la tension est au-dessous de 10 cm de mercure pour le maximum de 6 cm de mercure pour le minimum. Elle s'accompagne souvent de palpitations, de vertiges et d'une fatigue anormale. ***Un examen médical à la recherche d'une pathologie grave doit précéder tout traitement.***

Manifestation psychique : sentiment d'être victime de la vie, défaitisme.

Élixirs de cristaux conseillés : cristal de roche, grenat, zircon, magnétite.

Huiles de cristaux conseillées : grenat, cristal de roche.

-I-

Impuissance

Manifestation physique : incapacité d'entrer en érection. Les causes peuvent en être locales (sclérose des corps caverneux) ou psychologiques, ou simplement affectives du fait d'un partenaire non aimé ou non apprécié.

Manifestation psychique : blocage affectif. Difficultés à vivre les plaisirs de la vie. Complexe d'infériorité.

Élixirs de cristaux conseillés : zircon, grenat, citrine, magnétite, tourmaline noire.

Huiles de cristaux conseillées : grenat, citrine.

Infection urinaire

Voir cystite.

Insomnie

Manifestation physique : trouble du sommeil affectant aussi bien sa qualité que sa durée. Les causes en sont multiples, de la simple préoccupation à la dépression en passant par l'intoxication alimentaire, alcoolique ou tabagique.

Manifestation psychique : manque de confiance dans la vie. Peur de perdre le contrôle d'une situation.

Élixirs de cristaux conseillés : labradorite, rhodochrosite, magnétite, lapis-lazuli, améthyste.

Huiles de cristaux conseillées : lapis-lazuli, améthyste.

-J-

Jambes lourdes

Manifestation physique : sensation très pénible souvent accompagnée d'œdème et de varices, en relation avec une insuffisance de la circulation chez les personnes ayant une surcharge pondérale ou une vie trop sédentaire.

Manifestation psychique : tension relationnelle avec le monde ou avec quelqu'un.

Élixirs de cristaux conseillés : magnétite, grenat, tourmaline verte, cristal de roche.

Huiles de cristaux conseillées : grenat, cristal de roche.

-K-

Kyste de l'ovaire

Manifestation physique : un kyste correspond à une coque fibreuse enfermant un liquide fluide, transparent et séreux ou un liquide beaucoup plus épais et dense ou muqueux. La plupart des kystes sont bénins, mais il faut savoir que le cancer de l'ovaire se présente à ses débuts sous la forme d'un kyste à peine modifié. ***Il est indispensable de demander l'avis d'un gynécologue avant de faire de l'auto-médication.***

Manifestation psychique : problèmes intériorisés et occultés.

Élixirs de cristaux conseillés : zircon, chalcopyrite, hémimorphite, cristal de roche.

Huiles de cristaux conseillées : citrine, cristal de roche.

-L-

Libido (renforcer)

Manifestation physique : ensemble des envies et désirs qui se manifeste par la sexualité.

Manifestation psychique : blocage affectif, repli sur soi, difficultés à vivre les plaisirs de la vie.

Élixirs de cristaux conseillés : zircon, grenat, magnétite, cristal de roche.

Huiles de cristaux conseillées : grenat, cristal de roche.

Lombalgie

Manifestation physique : se caractérise par une douleur aiguë d'apparition brutale ou progressive de la partie inférieure de la colonne vertébrale. La cause en est généralement une lésion d'un disque intervertébral ou une crise d'arthrose.

Manifestation psychique : difficultés à accepter ou à intégrer les changements de notre destinée.

Élixirs de cristaux conseillés : magnétite, chalcopyrite, malachite, cristal de roche.

Huiles de cristaux conseillées : chalcopyrite, cristal de roche.

-M-

Mains (engourdissement)

Manifestation physique : sensation de lourdeur, de fourmillement et d'insensibilité au niveau des doigts, en relation avec une circulation insuffisante, soit par lésion artérielle, soit par atteinte rhumatismale, soit par exposition prolongée au froid.

Manifestation psychique : difficultés dans la réalisation pratique des choses.

Élixirs de cristaux conseillés : magnétite, grenat, cristal de roche, labradorite.

Huiles de cristaux conseillées : grenat, cristal de roche.

Maladie d'Alzheimer

Manifestation physique : cette affection neurologique se traduit par une dégénérescence nerveuse d'évolution inéluctable, causée par une diminution du nombre des neurones avec une atrophie cérébrale. ***Attention, les élixirs de cristaux ne guérissent pas cette maladie très grave, mais on peut constater que les personnes ont un confort de vie amélioré.***

Manifestation psychique : impossibilité de gérer le monde extérieur. Le sujet coupe sa relation avec le monde.

Élixirs de cristaux conseillés : saphir, cristal de roche, améthyste, labradorite.

Huiles de cristaux conseillées : améthyste, cristal de roche.

Maladie auto-immune

Manifestation physique : maladie caractérisée par une agression de l'organisme par son système immunitaire.

Manifestation psychique : incapacité à nous voir ou à nous accepter tels que nous sommes.

Élixirs de cristaux conseillés : hémimorphite, chalcopyrite, cristal de roche, zircon, grenat.

Huiles de cristaux conseillées : chalcopyrite, grenat.

Maladie de Crohn

Manifestation physique : inflammation ulcéreuse d'une partie de l'intestin, du côté de la partie terminale de l'iléon et pouvant se combiner avec une colite du même nom. Peut débuter d'une manière aiguë ou subaiguë, stimulant une appendicite, et prendre souvent une allure chronique avec diarrhée tenace, sub-occlusion et suppuration. ***Maladie souvent familiale. Attention, les élixirs de cristaux ne guérissent pas cette maladie très grave, mais on peut constater que les personnes ont un confort de vie amélioré.***

Manifestation psychique : difficulté à accepter et à assimiler ce qui vient de l'extérieur.

Élixirs de cristaux conseillés : hémimorphite, améthyste, baryte, citrine, saphir.

Huiles de cristaux conseillées : citrine, améthyste.

Maladie de Parkinson

Manifestation physique : affection neurologique chronique caractérisée par un tremblement, une raideur et une lenteur des mouvements. Le mécanisme de la maladie se manifeste par une dégénérescence atteignant les cellules nerveuses de la substance grise à l'intérieur de l'encéphale. Celle-ci entraîne une insuffisance de sécrétions de dopamine, un neurotransmetteur. ***Attention, les élixirs de cristaux ne guérissent pas cette maladie très grave, mais on peut constater que les personnes ont un confort de vie amélioré.***

Manifestation psychique : inhibition du processus de réactivité ou d'expression de la colère.

Élixirs de cristaux conseillés : cristal de roche, fluorite, saphir, améthyste.

Huiles de cristaux conseillées : améthyste, cristal de roche.

Mémoire (troubles)

Manifestation physique : les causes sont multiples, le stress, le surmenage intellectuel mais aussi lors d'intoxications médicamenteuses, d'alcool, de tabac, de stupéfiant, de traumatismes crâniens, de l'épilepsie, etc.

Manifestation psychique : protection du Conscient contre les faits négatifs de la vie.

Élixirs de cristaux conseillés : cristal de roche, citrine, quartz rutile, lapis-lazuli, améthyste.

Huiles de cristaux conseillées : cristal de roche, améthyste.

Méridiens

(voir 5e partie : L'énergétique chinoise et les élixirs de cristaux)

Migraine

Manifestation physique : syndrome caractérisé par des accès de céphalées violentes, unilatérales, affectant de préférence la région temporale, accompagnés d'un malaise général avec des nausées et parfois des vomissements.

Manifestation psychique : sans le savoir, le sujet

est en conflit avec lui-même concernant des choses importantes.

Élixirs de cristaux conseillés : cristal de roche, aigue-marine, saphir, hémimorphite,

Huiles de cristaux conseillées : cristal de roche, améthyste.

Mycose

Manifestation physique : affection provoquée par des champignons, de type de candida albicans. Son siège est variable : intestinal, vaginal, ou buccal, elle se traduit par des sécrétions blanchâtres exagérées, associés à des démangeaisons désagréables.

Manifestation psychique : le sujet a sa force vitale parasitée par quelqu'un ou par une situation.

Élixirs de cristaux conseillés : hémimorphite, chalcopyrite, émeraude, lapis-lazuli.

Huiles de cristaux conseillées : chalcopyrite, cristal de roche.

Myopie

Manifestation physique : anomalie de la réfraction oculaire entraînant une mauvaise vue des objets éloignés sans toucher la vision de près.

Manifestation psychique : peur inconsciente de l'avenir qui semble trouble.

Élixirs de cristaux conseillés : cristal de roche, saphir, émeraude, améthyste.

Huiles de cristaux conseillées : améthyste, cristal de roche.

-N-

Nausées

Manifestation physique : état pathologique caractérisé par un malaise siégeant de l'épigastre au pharynx, et dont l'expression la plus fréquente est l'envie de vomir. La nausée est due à une irritation des centres nerveux du tronc cérébral, soit par atteinte des filets nerveux de la région bucco pharyngée, soit par une affection abdominale, soit par une intoxication ou encore par le mal des transports (mer et voiture).

Manifestation psychique : le sujet a de grandes difficultés à gérer son environnement personnel ou matériel. Il ne digère pas ce qu'il vit.

Élixirs de cristaux conseillés : cristal de roche, zéolite, baryte, citrine.

Huiles de cristaux conseillées : citrine, émeraude.

-O-

Obésité

Manifestation physique : correspond à une charge excessive des cellules du tissu adipeux en graisses de réserves, dont la mobilisation est insuffisante. Les causes sont multiples et variables suivant les sujets.

Manifestation psychique : insécurité affective et matérielle par rapport à l'avenir proche ou lointain.

Élixirs de cristaux conseillés : aigue-marine, émeraude, magnétite, chalcopyrite, améthyste.

Huiles de cristaux conseillées : chalcopyrite, citrine.

Oedèmes

Manifestation physique : infiltration de sérosité dans les tissus sous-cutanés surtout au niveau des membres inférieurs, souvent en relation avec une insuffisance de la circulation de retour ou une maladie rénale.

Manifestation psychique : fuite de vie, déperdition d'énergie due au ras le bol du sujet au niveau de son existence.

Élixirs de cristaux conseillés : axinite, magnétite, quartz rutile, cristal de roche, émeraude.

Huiles de cristaux conseillées : cristal de roche, émeraude.

-P-

Palpitations

Manifestation physique : sensation pénible qui correspond à la perception tout à fait inhabituelle des battements cardiaques accélérés. L'origine en est souvent émotive, mais elle peut aussi traduire un trouble du rythme qui est une vraie maladie cardiaque.

Manifestation psychique : difficulté à gérer nos états émotionnels.

Élixirs de cristaux conseillés : aigue-marine, rhodochrosite, émeraude, kunzite.

Huiles de cristaux conseillées : émeraude, cristal de roche.

Prurit

Manifestation physique : c'est le terme général donné aux démangeaisons, quelles que soient leurs origines. Il faut le soigner pour lui-même parce qu'il est très désagréable et tenir compte de l'étiologie pour appliquer à chaque fois un traitement complet

Manifestation psychique : le sujet est confronté à un changement de repères dans sa vie personnelle. Il vit dans une interrogation, souvent inconsciente.

Élixirs de cristaux conseillés : hémimorphite, chalcopyrite, grenat, émeraude.

Huiles de cristaux conseillées : grenat, chalcopyrite.

Psoriasis

Manifestation physique : pathologie tenace et chronique caractérisées par des plaques rouges recouvertes de squames (peau pelée) épaisses et blanches. La localisation est très variée et porte surtout sur le cuir chevelu et sur le pourtour des grosses articulations. L'évolution se fait par poussées et la danger est surtout esthétique.

Manifestation psychique : séquelle d'un choc affectif. La difficulté de la relation à la mère (anima) et à une relation de tendresse avec elle se cache souvent derrière cette affection.

Élixirs de cristaux conseillés : tourmaline verte, saphir, hémimorphite, lapis-lazuli, émeraude.

Huiles de cristaux conseillées : cristal de roche, émeraude.

Prostate (adénome)

Manifestation physique : tumeur bénigne de la partie centrale de la prostate. ***Attention, les élixirs de cristaux ne guérissent pas cette maladie très grave, mais on peut constater que les personnes ont un confort de vie amélioré.***

Manifestation psychique : révolte et colère intérieure. Frustrations anciennes.

Élixirs de cristaux conseillés : hémimorphite, rhodochrosite, zircon, grenat, quartz rutile.
Huiles de cristaux conseillées : grenat, citrine.

-R-

Rayons x et gamma

Manifestation physique : ils sont de nature électromagnétique comme la lumière visible. Ils sont utilisés en imagerie médicale (scintigraphie…) et en cobaltothérapie (traitement par le cobalt radioactif).

Élixirs de cristaux conseillés : tourmaline noire, zéolite, quartz rutile, cristal de roche.

Huiles de cristaux conseillées : cristal de roche, améthyste.

Règles irrégulières

Manifestation physique : perturbation inhabituelle du cycle menstruel exigeant un examen gynécologique et des dosages hormonaux, à la recherche de la cause qui peut être un dysfonctionnement ovarien ou une lésion utéro-ovarienne de gravité variable.

Manifestation psychique : frustrations inconscientes de ne pas se sentir utile ou considérer à sa juste valeur.

Élixirs de cristaux conseillés : grenat, rhodochrosite, émeraude, chalcopyrite.

Huiles de cristaux conseillées : grenat, cristal de roche.

Rétention d'eau

Manifestation physique : ce déséquilibre se traduit par une fixation de l'eau dans le corps. Il se manifeste plus particulièrement chez les femmes par un gonflement des tissus et une prise de volume et de poids important.

Manifestation psychique : sentiments d'insécurité envers la vie affective et matérielle.

Élixirs de cristaux conseillés : magnétite, zéolite, tourmaline verte, cristal de roche.

Huiles de cristaux conseillées : cristal de roche, émeraude.

Rhumatisme

Manifestation physique : affection douloureuse et souvent chronique de l'appareil locomoteur.

Manifestation psychique : regret et amertume par rapport à une situation ou quelqu'un. Déceptions de la vie,

Élixirs de cristaux conseillés : magnétite, malachite, axinite, tourmaline noire, cristal de roche..

Huiles de cristaux conseillées : chalcopyrite, cristal de roche.

-S-

Sclérose en plaque

Manifestation physique : pathologie démyélinisante (entraînant la disparition de la myéline, substance lipidique entourant les fibres nerveuses de la substance blanche) du système nerveux central, se traduisant par une scléroses. ***Attention, les élixirs de cristaux ne guérissent pas cette maladie très grave, mais on peut constater que les personnes ont un confort de vie amélioré.***

Manifestation psychique : le sujet a vécu une trahison intense ou une immense déception.

Élixirs de cristaux conseillés : rhodochrosite, saphir, améthyste, fluorite, cristal de roche.

Huiles de cristaux conseillées : améthyste, cristal de roche.

Sciatique

Manifestation physique : névralgie qui part du dos, passe par la fesse, descend en arrière du membre inférieur et vient se terminer au niveau des derniers orteils. Elle est due à la compression du nerf sciatique par la hernie d'un disque intervertébral au niveau des dernières vertèbres lombaires.

Manifestation psychique : difficulté à évacuer, à abandonner, lors de changements de vie certains de nos anciens schémas.

Élixirs de cristaux conseillés : magnétite, axinite, chalcopyrite, malachite, cristal de roche.

Huiles de cristaux conseillées : chalcopyrite, cristal de roche

Scoliose

Manifestation physique : déformation de la colonne vertébrale qui prend la forme d'un «S» allongé, souvent en relation avec un rachitisme de l'enfance dont les parents ne se sont pas occupés. À l'aspect inesthétique s'ajoutent des douleurs vertébrales chroniques très désagréables.

Manifestation psychique : changements de repères dans la destinée du sujet.

Élixirs de cristaux conseillés : fluorite, axinite, tourmaline noire, cristal de roche.

Huiles de cristaux conseillées : cristal de roche, chalcopyrite.

Spasmophilie

Manifestation physique : terme utilisé pour rassembler tous les symptômes qui sont dus à un défaut de fonctionnement de la glande parathyroïde. La spasmophilie est objectivée par un réflexe spécial appelé «réflexe de Schwosteck» et par un réflexe spécial appelé «électromyogramme» et son traitement est très long parce qu'il faut sans cesse compenser des déficits minéraux que la parathyroïde ne sait plus contrôler. D'une façon générale, les symptômes traduisent une hyperexcitabilité générale : crampes diverses, fourmillements, tremblement des paupières, fatigue du réveil, insomnie de la deuxième partie de la nuit, frilosité, palpitations.

Manifestation psychique : difficultés intérieures à maîtriser et à répondre aux sollicitations du monde extérieur.

Élixirs de cristaux conseillés : saphir, aigue-marine, amazonite, cristal de roche, émeraude.

Huiles de cristaux conseillées : émeraude, cristal de roche.

Stérilité

Manifestation physique : incapacité pour un couple de procréer.

Manifestation psychique : conflit intérieur avec eux-mêmes et en la vie.

Élixirs de cristaux conseillés : zircon, grenat, rhodochrosite, cristal de roche.

Huiles de cristaux conseillées : grenat, cristal de roche.

Stress

Manifestation physique : état réactionnel de l'organisme soumis à une agression brusque.

Manifestation psychique : peur de ne pas être reconnu.

Élixirs de cristaux conseillés : aigue-marine, labradorite, rhodochrosite, émeraude, améthyste.

Huiles de cristaux conseillées : améthyste, cristal de roche.

Surdité

Manifestation physique : diminution très importante ou inexistence totale de l'audition.

Manifestation psychique : difficultés à entendre (voire que nous refusons) ce qui se passe autour de nous.

Élixirs de cristaux conseillés : saphir, lapis-lazuli, cristal de roche, magnétite.

Huiles de cristaux conseillées : lapis-lazuli, cristal de roche.

-T-

Tendinite

Manifestation physique : les tendons transmettent la force développée par les muscles. La tendinite se caractérise par une inflammation des tendons.

Manifestation psychique : le sujet n'est pas assez à l'écoute de son corps et surtout de son esprit. Grand doute intérieur.

Élixirs de cristaux conseillés : malachite, axinite, chalcopyrite, magnétite.

Huiles de cristaux conseillées : chalcopyrite, cristal de roche.

Tétanie

Manifestation physique : état pathologique caractérisé par des crises de contractures musculaires.

Manifestation psychique : conflit intérieur et difficulté intérieure à maîtriser son entourage proche ou professionnel.

Élixirs de cristaux conseillés : saphir, zéolite, émeraude, améthyste, quartz rose.

Huiles de cristaux conseillées : émeraude, améthyste.

Toux

Manifestation physique : expiration brusque et bruyante, réflexe ou volontaire, assurant l'expulsion de l'air contenu dans les poumons. Une toux peut avoir des origines très diverses.

Manifestation psychique : le sujet ne supporte plus l'ambiance dans laquelle il vit. Il a de grands doutes intérieurs vis-à-vis d'une situation ou d'une personne.

Élixirs de cristaux conseillés : lapis-lazuli, amazonite, émeraude, quartz rutile.

Huiles de cristaux conseillées : lapis-lazuli, émeraude.

Torticolis

Manifestation physique : contracture plus ou moins douloureuse des muscles du cou, limitant les mouvements de rotation de la tête.

Manifestation psychique : le sujet n'accepte pas ce qui se passe dans sa vie actuelle. Il est en désaccord avec son entourage.

Élixirs de cristaux conseillés : magnétite, chalcopyrite, malachite, tourmaline noire.

Huiles de cristaux conseillées : chalcopyrite, cristal de roche.

Troubles du sommeil

Manifestation physique : difficultés à l'endormissement ou réveils nocturnes.
Manifestation psychique : peur de ne pas maîtriser sa vie et son entourage proche et professionnel.

Élixirs de cristaux conseillés : labradorite, rhodochrosite, émeraude, saphir, améthyste.

Huiles de cristaux conseillées : améthyste, lapis-lazuli.

Tuberculose

Manifestation physique : maladie infectieuse contagieuse due à une bactérie. Elle se traduit par une altération de l'état général (fièvre, fatigue, amaigrissement, toux). Les poumons sont directement attaqués par cette bactérie. ***Attention, les élixirs de cristaux ne guérissent pas cette maladie très grave, mais on peut constater que les personnes ont un confort de vie amélioré.***

Manifestation psychique : le sujet n'a plus confiance en la vie et ne veux plus lutter.

Élixirs de cristaux conseillés : émeraude, quartz rutile, hémimorphite, quartz rutile.

Huiles de cristaux conseillées : émeraude, cristal de roche.

-U-

Ulcère de l'estomac

Manifestation physique : une vie hyper-active, une alimentation irrégulière, des germes spéciaux (helicobacter) et/ou une chute de l'immunité, font apparaître des douleurs de l'estomac, à type de torsion ou de crampe, survenant toujours, à quelques heures d'un repas.

Manifestation psychique : contrariétés dans la vie professionnelle ou personnelle.

Élixirs de cristaux conseillés : citrine, zéolite, chalcopyrite, hémimorphite.

Huiles de cristaux conseillées : citrine, chalcopyrite.

Urticaire

Manifestation physique : se caractérise par une éruption de nature allergique, présentant un aspect analogue à celui donné par les piqûres d'ortie. L'atteinte interne des muqueuses respiratoires peut mener, en absence de traitement d'urgence, vers l'asphyxie et la mort.

Manifestation psychique : qui ou quoi nous insupporte ?

Élixirs de cristaux conseillés : hémimorphite, amazonite, quartz rose, tourmaline verte.

Huiles de cristaux conseillées : émeraude, cristal de roche.

-V-

Varices

Manifestation physique : dilatations veineuses pathologiques permanentes au niveau du réseau veineux superficiel des membres inférieurs. Elles sont responsables de jambes lourdes, d'impatiences, d'oedèmes des membres inférieurs et dans certaines circonstances de phlébites graves, par formation de caillots à l'intérieur de leur paroi.

Manifestation psychique : incertitudes par rapport à l'avenir d'ordre matériel et affectif.

Élixirs de cristaux conseillés : grenat, zircon, magnétite, cristal de roche.

Huiles de cristaux conseillées : grenat, cristal de roche

Verrues

Manifestation physique : tumeur bénigne de l'épiderme due à un virus.

Manifestation psychique : le sujet ne se sent pas considéré à sa juste valeur.

Élixirs de cristaux conseillés : émeraude, zéolite, chalcopyrite, cristal de roche.

Huiles de cristaux conseillées : émeraude, lapis-lazuli.

Vertiges

Manifestation physique : sensation éprouvée par un sujet qui croit voir se déplacer les objets qui l'entourent. Elle s'accompagne de nausées, voire de vomissements et correspond à un trouble circulatoire profond au niveau de l'oreille interne.

Manifestation psychique : peur de ne pas maîtriser une situation.

Élixirs de cristaux conseillés : saphir, améthyste, lapis-lazuli, cristal de roche.

Huiles de cristaux conseillées : améthyste, lapis-lazuli.

Vésicule biliaire (troubles de la)

Manifestation physique : réservoir membraneux en forme de poire, appliqué sur la face inférieure du foie. Entre les périodes de digestion, la bile s'y accumule et s'y concentre. Au moment de la digestion, la vésicule biliaire se vide en se contractant.

Manifestation psychique : difficultés à gérer les sentiments et à les clarifier.

Élixirs de cristaux conseillés : amazonite, citrine, zéolite, baryte, chalcopyrite.

Huiles de cristaux conseillées : citrine, chalcopyrite.

Vitiligo

Manifestation physique : affection cutanée caractérisée par une perte localisée de la pigmentation.

Manifestation psychique : problèmes avec son image. Le sujet ne s'apprécie pas.

Élixirs de cristaux conseillés : hémimorphite, saphir, émeraude, rhodochrosite.

Huiles de cristaux conseillées : émeraude, lapis-lazuli.

Vomissement

Manifestation physique : rejets brusques par la bouche du bol alimentaire. ***Pathologie qui doit être suivie par un médecin.***

Manifestation psychique : difficultés dans la maîtrise ou la gestion du monde matériel.

Élixirs de cristaux conseillés : amazonite, améthyste, citrine, chalcopyrite.

Huiles de cristaux conseillées : citrine, améthyste.

-Z-

Zona

Manifestation physique : maladie infectieuse due à un virus du groupe herpès, caractérisée par une éruption de vésicules ayant une disposition strictement unilatérale et accompagnée de douleurs intenses à type de brûlures.

Manifestation psychique : amertume, somatisation d'une grande déception.

Élixirs de cristaux conseillés : hémimorphite, zircon, chalcopyrite, malachite, cristal de roche.

Huiles de cristaux conseillées : chalcopyrite, cristal de roche.

*

DOUXIÈME PARTIE

FICHES DESCRIPTIVES DES 25 ÉLIXIRS

Pour stimuler :
Élixir de Cristal de Roche

Pour apaiser :
Élixir d'Émeraude

Aigue-marine

Couleur : bleu clair.

Chimie : aluminium, béryllium.

Active : calcium, Vit.B1 à B17.

Méridiens : reins, vessie.

Chakras : gorge, 3e œil.

Corps auriques : astral, mental.

Actions physiques : équilibre le yin et le yang. Régule l'équilibre acido-basique, harmonise la glande thyroïde et le métabolisme, contre les problèmes ORL, la transpiration abondante. Freine les vieillissements cutanés. Allié contre l'hypertension.

Actions psychologiques : anti-stress, évacuation des chocs émotionnels, contre les émotions exacerbées et les angoisses en association avec l'élixir de kunzite. Harmonise les tempéraments lunatiques. Contre les envies de sucres et les grignotages.

Spirituel : transformation intérieure de la personnalité, facilite la communication avec le «Moi» et apporte lumière et clarté vers les faces cachées de notre âme. Ouvre la voie à l'inspiration et stimule la parole et l'écriture en tant qu'expression de soi.

Elixirs «synergie» : cristal de roche, kunzite.

Amazonite
Couleur : bleu-vert.
Chimie : potassium, aluminium, silicium.
Active : sélénium, nickel, fer, cobalt.
Méridiens : rein, vessie.
Chakras : sacré, gorge.
Corps aurique : mental.
Actions physiques : action anti-age, allié pour les problèmes cutanés, stimule l'immunité, renforce la sphère O.R.L. Harmonise la thyroïde, le système digestif. Contre les troubles de l'équilibre, active l'énergie des reins et de la vessie.
Actions psychologiques : favorise la communication, relativise les émotions, apaise le mental, évacuation des évènements traumatisants, allié des psychothérapies. Permet de garder son calme dans les situations chaotiques.
Spirituel : développe les dons à l'état latent, favorise l'ouverture au symbolisme. Libère des schémas de pensées négatifs. Attire la plénitude intérieure et soutient dans l'aboutissement des objectifs spirituels.
Elixirs «synergie» : cristal de roche, quartz rutile.

Améthyste

Couleur : mauve, violet.

Chimie : silicium, manganèse.

Active : silicium, manganèse.

Méridiens : rein, vessie, cœur, triple réchauffeur.

Chakras : plexus solaire, 3e œil.

Corps aurique : causal.

Actions physiques : harmonise les énergies physiques déséquilibrées. Purifie le foie et régularise le système digestif. Idéal pour régénérer les énergies en intersaison. Potentialise les détoxifications. Stimule la lymphe. Allié contre les graves pathologies.

Actions psychologiques : élixir de l'apaisement. Soulage les problèmes émotionnels, allié contre les problèmes de dépendances (alcool, drogue, médicaments). Permet d'avoir un sommeil régénérant. Apporte le calme intérieur et dissipe les angoisses et les dysharmonies, libère des inhibitions.

Spirituel : ses vibrations déclenchent une purification, une transformation et un renouvellement de l'âme, allié pour la méditation et le décodage du symbolisme. Permet d'être lucide dans une démarche spirituelle.

Elixirs «synergie» : cristal de roche, fluorite.

Axinite

Couleur : brun.

Chimie : calcium, aluminium, bore, silicium.

Active : fer, magnésium, soufre.

Méridiens : vaisseau gouverneur et vaisseau conception.

Chakras : racine, plexus solaire, chakra du cœur.

Corps aurique : corps éthérique.

Actions physiques : pour tous les traumatismes : accidentel, chirurgical. Contre les problèmes infectieux. Allié contre la ménopause, l'andropause et l'ostéoporose. Stimule la calcification.

Actions psychologiques : en cas d'épuisement mental, de nervosités angoissantes. Allié pour les déprogrammations des mémoires cellulaires. Permet aux personnes irresponsables de se remettre en contact avec les énergies telluriques pour avoir plus de conscience de soi.

Spirituel : ouverture spirituelle dans la méditation, restaure la liaison entre le corps et le «Moi» supérieur après un traumatisme physique grave. Stimule la vision intérieure.

Elixirs «synergie» : cristal de roche, quartz rutile.

Baryte

Couleurs : jaune, brun.

Chimie : baryum.

Active : fer, nickel, zinc.

Méridiens : rate/pancréas, estomac

Chakras : plexus solaire, du cœur.

Corps auriques : astral, mental.

Actions physiques : action drainant, stimule les fonctions rénales, digestives et hépatiques. Détoxification chimique des traitements lourds.

Actions psychologiques : stimule la volonté de guérison, contre les idées destructrices. Meilleur équilibre de la dynamique psycho spirituelle chez les individus.

Spirituel : aide à trouver le chemin de la vérité lors d'une quête spirituelle. Permet d'être concentré sur les réflexions profondes. Favorise l'intégration d'énergies spirituelles.

Elixirs «synergie» : cristal de roche, zéolite.

Chalcopyrite

Couleurs : jaune, multicolore

Chimie : cuivre, fer, soufre.

Active : cuivre, manganèse, soufre

Méridiens : rate/pancréas, estomac, vaisseau gouverneur.

Chakras : chakra sacré, plexus solaire, 3e œil.

Corps auriques : astral et causal.

Actions physiques : dynamise l'énergie vitale, immunostimulant, anti-infectieux, anti-inflammatoire, régénère les cellules. Renforce le système génito-urinaire et les fonctions hépatiques.

Actions psychologiques : encourage la réalisation de soi, stimule les capacités intellectuelles, allié pour extérioriser les problèmes anciens lors d'une psychothérapie. Aide à voir les choses de la vie dans le contexte plus grand de la destinée.

Spirituel : pour ceux qui manquent d'objectivité dans le domaine spirituel. Aide les personnes très cartésiennes à s'ouvrir aux énergies subtiles et à parvenir à entendre leur voix intérieure. Augmente le niveau de conscience dans le domaine psychique.

Elixirs «synergie» : cristal de roche, malachite.

Citrine
Couleurs : jaune pâle, orange.
Chimie : silicium.
Active : phosphore, magnésium, Vit. A.
Méridiens : estomac, rate/pancréas, vaisseau gouverneur.
Chakras : sacré, plexus solaire.
Corps auriques : astral, mental.
Actions physiques : harmonise l'équilibre électromagnétique du corps, stimule les fonctions du foie et du pancréas, Élimine les toxines du corps, améliore la digestion. Contre les problèmes de cystite dus à une nervosité intérieure intense.
Actions psychologiques : clarifie le mental, apporte la plénitude intérieure et extérieure et soutient dans l'aboutissement de vos objectifs. Élixir des étudiants pour stimuler les capacités intellectuelles et la mémoire. Allié pour les personnes chroniquement dépressives.
Spirituel : permet d'être très concentré sur des réflexions profondes ou lors de longues études dans le domaine du symbolisme. Facilite la communication avec le soi supérieur.
Élixirs «synergie» : cristal de roche, baryte.

Cristal de roche

Couleur : transparent.

Chimie : silicium.

Active : silicium, acides aminés.

Méridiens : tous.

Chakras : tous.

Corps auriques : tous.

Actions physiques : élixir indispensable. Potentialise les effets des autres élixirs de cristaux ou d'autres substances. Stimule les cristaux et la magnétite du corps. Action anti-âge, renforce l'énergie vitale, l'immunité. Anti-inflammatoire, anti-migraineux. Favorise la régénérescence des cellules et du sang, accélère les calcifications. Harmonise les hémisphères cérébraux. Allié contre l'ostéoporose. Équilibre les paramètres bioélectroniques.

Actions psychologiques : stimule le processus de guérison, la force interne et l'endurance face à l'adversité, l'affirmation de la personnalité, la clarté de pensée, les capacités intellectuelles. Allié contre l'épuisement mental.

Spirituel : procure la clarté de pensée pour méditer. Allié important pour accéder à des plans supérieurs spirituels. Aide ceux qui n'arrivent pas à entendre leur voix intérieure.

Élixirs «synergie» : kunzite.

Émeraude

Couleur : vert.

Chimie : aluminium, béryllium.

Active : nickel, cuivre, argent, or, Vit. du groupe B.

Méridiens : poumons, foie, vésicule biliaire.

Chakra : cœur.

Corps auriques : astral, mental.

Actions physiques : stimule les foncions hépatiques et rénales, harmonise la circulation sanguine et la tension artérielle, renforce le cœur. Allié contre les détoxifications cellulaires, les problèmes cutanés et les allergies. Immunostimulant. Renforce le système pulmonaire.

Actions psychologiques : anti-stress important. **Remède énergétique de secours contre les chocs émotionnels**. Nettoie le mental et protège des pensées négatives des autres. Apporte la paix intérieure, équilibre les émotions, apaise les tempéraments nerveux. Allié contre le stress, brise les vieilles habitudes, développe les facultés créatrices.

Spirituel : pour ceux qui ne veulent pas voir la réalité et manque d'objectivité dans le domaine psychique. Aide à s'ouvrir à la spiritualité en toute objectivité. Stimule le 6e sens.

Élixirs «synergie» : cristal de roche, Kunzite.

Fluorite

Couleur : vert.

Chimie : calcium, fluor.

Active : cobalt, magnésium, phosphore, vit.B6, B12, PP.

Méridiens : Foie, vésicule biliaire.

Chakras : cœur, 3e œil.

Corps aurique : mental.

Actions physiques : allié contre l'ostéoporose et l'élimination des toxines. Régule l'équilibre acido-basique du corps, stimule l'assimilation des minéraux. Aide à passer le cap de la ménopause et de l'andropause. Harmonise les hémisphères cérébraux. Dynamise la mémoire.

Actions psychologiques : pour ceux qui se noient dans les détails, dissipe les anxiétés dans la région du cœur. Recentre et renforce les esprits fragiles. Accentue la concentration lors de travaux intellectuels intenses, allié important avec la citrine pour les examens.

Spirituel : aide l'âme dans les grandes transitions. Pour ceux qui nient le monde spirituel. Ses vibrations rendent la perception plus subtile et relient les énergies du 3e œil avec celles du chakra du cœur.

Élixirs «synergie» : cristal de roche, labradorite.

Grenat

Couleur : rouge.

Chimie : aluminium, fer.

Active : fer, Vit. du groupe B.

Méridiens : cœur, maître du cœur, intestin grêle, triple réchauffeur.

Chakra : racine.

Corps aurique : éthérique.

Actions physiques : stimule la libido, la circulation sanguine. Idéal dans le cas d'extrémités froides, contre les grandes fatigues et les anémies, favorise la fabrication des globules rouges. Facilite le rétablissement après une maladie.

Actions psychologiques : procure la force intérieure et une volonté puissante. Renforce la personnalité des adolescents fragiles, aide à l'expression correcte de l'aspect masculin chez l'homme et chez la femme. Allié important pour les personnes défaitistes.

Spirituel : en méditation, il renforce la stabilité de l'esprit, allié important lors d'un travail spirituel intensif. Mène sur le chemin de la vérité afin de trouver des réponses pour son évolution spirituelle.

Élixirs «synergie» : cristal de roche, magnétite.

Hémimorphite

Couleur : blanche.

Chimie : zinc.

Active : Vit. A, E.

Méridiens : vésicule biliaire, foie, vessie, estomac.

Chakras : plexus solaire, gorge, 3e œil.

Corps auriques : astral, mental.

Actions physiques : immunostimulant. Allié contre les troubles de la prostate, stimule le pancréas, le système digestif. Régularise le système neurovégétatif (réflexes, respiration, pulsations cardiaques…), soulage les céphalées et les migraines. Action anti-âge.

Actions psychologiques : procure du courage et de la combativité, permet aux personnes dépressives de reprendre confiance en elles, pour développer attention et éveil dans les situations requérrant présence et esprit de synthèse.

Spirituel : pour accéder à la paix intérieure et au détachement. Apporte une énergie de purification dans les canaux énergétiques. Libère de la contrainte, de la domination, des enfermements et des peurs. Est réellement libre, celui qui rayonne la claire lumière de l'âme sans rien attendre en retour.

Élixirs «synergie» : cristal de roche, chalcopyrite.

Kunzite

Couleurs : violet rose.

Chimie : aluminium, lithium.

Active : fer, lithium, Vit. du groupe B.

Méridiens : vessie, reins, cœur, maître du cœur.

Chakra : cœur.

Corps auriques : astral, mental.

Actions physiques : régule l'équilibre acido-basique. Action diurétique, améliore les troubles de la ménopause. Contre les troubles du sommeil. Stimule la circulation cérébrale des personnes âgées.

Actions psychologiques : élixir anti-déprime, anti-stress, apaise les émotions. Lutte contre l'instabilité psychique, les manifestations psychosomatiques, les somatisations. Allié pour évacuer un conflit intérieur difficile à résoudre. Aide à faire face et à transcender les souffrances physiques et psychologiques, libère des schémas de pensées négatifs. Apaise les cauchemars des enfants. Pour les 'éponges psychiques' qui absorbent toutes les émotions.

Spirituel : stimule l'intuition et la vision interne, permet d'identifier le sens caché des choses ainsi que les forces actives agissant derrière elle. Aide l'âme individuelle à s'unir à l'âme universelle.

Élixirs «synergie» : cristal de roche, améthyste.

Labradorite
Couleurs : marron foncé avec reflet bleu et vert.
Chimie : sodium, calcium.
Active : nombreuses vitamines.
Méridiens : vaisseau conception et vaisseau gouverneur.
Chakras : racine, plexus solaire, cœur.
Corps auriques : éthérique, astral, mental.
Actions physiques : élixir des soignants. Contre les pompeurs d'énergie. Allié contre les insomnies, stimule la mémoire. Favorise la digestion et l'élimination. Régularise le rythme cardiaque, l'équilibre acido-basique.
Actions psychologiques : en cas de sentiments de vulnérabilité et de difficultés à se protéger, apaise les fortes émotions, protection émotionnelle des enfants hypersensibles, favorise l'expression des sentiments. Allié contre le trac.
Spirituel : protection de l'aura, permet de se reconnecter avec son «Moi» intérieur et développe notre vision intérieure afin d'accéder à des informations cachées sur notre personnalité.
Élixirs «synergie» : cristal de roche, rhodochrosite.

Lapis-lazuli
Couleur : bleu indigo.
Chimie : aluminium, sodium, soufre, calcium, silicium.
Active : fer, Vit. B, lécithine.
Méridiens : reins, vessie
Chakras : gorge, 3e œil.
Corps aurique : causal.
Actions physiques : apaise les tempéraments nerveux, les troubles gastriques, les problèmes O.R.L. Allié contre l'asthme, les problèmes capillaires (pellicules, chute) et cutanés. Régularise les cycles du sommeil.
Actions psychologiques : en cas de fatigue mentale, de timidité, de trac. Élixir de la communication. Renforce la volonté, contre les émotions fortes et les colères.
Spirituel : développe les perceptions extrasensorielles et l'intuition, stimule la clarté de pensée, afin de se souvenir de ses rêves. Intégration des facultés psychiques dans les centres énergétiques premiers.
Élixirs «synergie» : cristal de roche, malachite.

Magnétite (aimant naturel)

Couleur : noir.

Chimie : fer.

Active : fer.

Méridiens : vaisseau conception et gouverneur.

Chakra : racine.

Corps aurique : éthérique.

Actions physiques : Protection des pollutions électromagnétiques. Action drainant, stimule l'élimination des toxines. En cas de chocs physiques, anti-inflammatoire, régénérateur cellulaire. Renforce la résistance de l'organisme avant une opération chirurgicale. Facilite la cicatrisation. Contre l'arthrose cervicale, les problèmes osseux, les traumatismes physiques, les extrémités froides. Stimule l'énergie vitale dans les périodes de grandes fatigues.

Actions psychologiques : en cas de grande fatigue et perte de motivation, apporte la force intérieure, amplifie le magnétisme personnel et l'ego. Élixir des soignants, permet de donner sans épuisement de l'énergie. Aide à intégrer l'animus.

Spirituel : élixir des sensitifs. Bouclier énergétique du corps éthérique. Restaure la liaison entre le corps et l'âme après un traumatisme grave.

Élixirs «synergie» : cristal de roche, tourmaline noire.

Malachite

Couleur : vert.

Chimie : cuivre.

Active : fer.

Méridiens : foie, vésicule biliaire.

Chakras : plexus solaire, cœur.

Corps auriques : astral, mental.

Actions physiques : anti-inflammatoire. Contre les douleurs articulaires (lumbagos, lombalgies) et rhumatismale. Anti-infectieux. Action anti-âge. Régénère les cellules cutanées, contre l'excès d'acide urique, stimule le foie et la vésicule biliaire. Allié contre les problèmes cutanés.

Actions psychologiques : en cas de fatigue intellectuelle. Permet l'évacuation de sentiments oppressant et les pensées négatives, crainte d'exposer et d'exprimer ses véritables sentiments. Améliore la connaissance de ses émotions, pour éviter le repli sur soi et l'isolement.

Spirituel : apporte une énergie favorable à la méditation, apaise le mental, favorise l'acceptation du passé (karma) et l'orientation vers le présent (dharma). Sensibilise les perceptions pour l'étude du symbolisme.

Élixirs «synergie» : citrine, lapis-lazuli.

Quartz rose
Couleur : rose.
Chimie : silicium.
Active : fer, silicium, sélénium.
Méridiens : cœur, maître du cœur.
Chakras : cœur, maître du cœur.
Corps aurique : mental.
Actions physiques : action anti-âge. Équilibre le yin et le yang des enfants. Harmonise la circulation sanguine. Renforce les poumons, stimule l'immunité. Allié de la ménopause et l'andropause.
Actions psychologiques : élixir idéal pour les enfants et les adolescents perturbés ou nerveux. Contre les chagrins des adolescents. Diffuse de la douceur de la sérénité, permet de transformer l'image et la conscience de nous même vers plus de bonheur.
Spirituel : permet de ressentir en séance de méditation, la partie féminine «anima» qui est en nous. Apporte calme et perceptions afin de nous ouvrir à l'intuition spirituelle.
Élixirs «synergie» : cristal de roche, émeraude.

Quartz rutile
Couleur : brun rougeâtre.
Chimie : titane, silicium.
Active : fer, silicium.
Méridiens : vaisseau conception et gouverneur, poumons.
Chakras : racine, sacré, cœur.
Corps aurique : éthérique.
Actions physiques : immunostimulant puissant, anti-anémie, stimule les globules rouges. Contre les hémorroïdes, les prurits anaux. Renforce les poumons, allié contre les bronchites chroniques et l'asthme.
Actions psychologiques : pour les difficultés dans la relation du père (animus). Meilleure intégration de son animus, soulage les angoisses importantes. Permet de cicatriser les blessures émotionnelles, pour les personnes nerveusement fragiles. Permet de s'affirmer, de s'incarner. Allié très important pour les personnes effacées, introverties.
Spirituel : permet de se reconnecter avec son «maître intérieur». Permet l'éveil dans une démarche spirituelle sans jamais perdre le contact avec la «Terre». Pour ceux qui ont du mal à intégrer une vie spirituelle avec leur vie quotidienne. Apporte la clarté et la vivacité d'esprit lors d'études spirituelles intenses.
Élixirs «synergie» : cristal de roche, hémimorphite.

Rhodochrosite

Couleur : rose.

Chimie : manganèse.

Active: zinc, cobalt.

Méridiens : cœur, maître du coeur, foie, vésicule biliaire.

Chakra : cœur.

Corps auriques : astral, mental.

Actions physiques : allié pour la ménopause et l'andropause, action anti-âge. Contre l'insomnie, les réveils nocturnes. Calme le système nerveux, stimule les enzymes. Contre l'arthrose. Régule le glucose. Anti-allergisant puissant.

Actions psychologiques : contre les problèmes d'humeur dus à la ménopause ou à l'andropause. Atténue le sentiment de jalousie, active le corps émotionnel en le protégeant de toute attaque. Allié important durant les périodes de grand stress.

Spirituel : facilite la purification et un renouvellement dans l'âme. Permet de se souvenir de nos rêves. Purifie les énergies ancestrales. Augmente l'inspiration créatrice d'origine spirituelle.

Élixirs «synergie» : cristal de roche, labradorite.

Saphir
Couleur : bleu.
Chimie : aluminium.
Active : fer, aluminium, manganèse, phosphore, chrome.
Méridiens : reins, vessie.
Chakras : gorge, 3e œil
Corps aurique : causal
Actions physiques : élixir pour les troubles complexes où l'on a du mal à faire un diagnostic. Ses effets assurent un large spectre d'action pour les problèmes immunitaires, lymphatiques, cutanés et du système O.R.L.
Actions psychologiques : en cas de graves problèmes de communication, apaise le tempérament nerveux, les états d'excitabilité intenses. Contre l'insomnie et les cauchemars. Équilibre les hémisphères cérébraux.
Spirituel : agit comme un bouclier psychique, renforce l'aura. Ouvre la voie de l'âme à un degré supérieur. Allié pour un travail d'introspection et pour la méditation.
Élixirs «synergie» : cristal de roche, kunzite.

Tourmaline noire

Couleur : noir.

Chimie : sodium, fer, aluminium, bore, silicium

Active : silicium, fer.

Méridiens : Gros intestin, reins, vaisseau conception et gouverneur.

Chakra : racine.

Corps aurique : éthérique.

Actions physiques : renforce le corps physique. Antalgique. Protège et dépollue des nuisances électromagnétiques. Allié lors des traitements lourds, radio protecteur cutané, renforce le corps éthérique avant et après une opération.

Actions psychologiques : enracine et harmonise avec la terre. Allié pour les personnes irresponsables. Réactive les chakras inférieurs, extirpe les traumas de la petite enfance. Pour dépasser l'indifférence et l'apathie.

Spirituel : aide à s'incarner. Apporte la persévérance pour les hautes études spirituelles. Permet d'être bien ancré à la Terre lors d'une ouverture dans le domaine spirituel.

Élixirs «synergie» : cristal de roche, zircon.

Tourmaline verte

Couleur : vert.

Chimie : sodium, aluminium, lithium, bore, silicium.

Active : silicium, fer.

Méridiens : tous les méridiens.

Chakra : cœur.

Corps aurique : mental.

Actions physiques : régularise le métabolisme. Anti-déprime, anti-stress. Recharge les énergies vitales liées au cœur. Favorise la force d'auto guérison et de récupération. Harmonise le système cardio-vasculaire et la circulation du sang, contre les problèmes cutanés. Anti-allergie.

Actions psychologiques : remède énergétique de secours contre les chocs émotionnels. Apporte le calme intérieur. Facilite le contact avec son «anima» chez l'homme ou l'approfondi chez la femme. Pour les problèmes respiratoires liés à un traumatisme non résolu. Allié lors des ruptures relationnelles ou lors de la perte d'un être cher.

Spirituel : renforce le corps émotionnel, aide à une meilleure approche spirituelle du monde matériel pour décoller du matérialisme, dissipe les énergies ancestrales négatives.

Élixirs «synergie» : cristal de roche, quartz rose.

Zéolite

Couleur : vert.

Chimie : aluminium, silicium.

Active : vitamine du groupe B.

Méridiens : foie, vésicule biliaire.

Chakra : cœur.

Corps auriques : astral, mental.

Actions physiques : allié très important pour la détoxification des métaux lourds, radio protecteur cutané. Équilibre les paramètres bioélectroniques, protection contre les pollutions électromagnétiques. Régulateur des métabolismes digestifs, neutralise les radicaux libres. Action anti-oxydante, immunostimulante.

Actions psychologiques : en cas de retard intellectuel chez les enfants. Apporte la paix et l'harmonie intérieure. Contre les «formes pensées négatives». Allié contre les différentes dépendances (tabac, alcool, drogues légères), dépendances alimentaires, dépendances affectives. Contre les problèmes cutanés (allergies, eczéma, psoriasis). Régulateur du sommeil.

Spirituel : élève les capacités de perceptions, dirige l'esprit vers l'infini et stimule la méditation et l'inspiration. Ses vibrations déclenchent une transformation intérieure et un renouvellement dans l'âme et dans l'esprit.

Élixirs «synergie» : cristal de roche, baryte.

Zircon
Couleur : rouge.
Chimie : zirconium, silicium.
Active : tous les minéraux.
Méridiens : triple réchauffeur.
Chakras : racine, sacré.
Corps aurique : éthérique.
Actions physiques : énergisant puissant. Allié contre toutes les pathologies lourdes. Action immunostimulante. Renforce le système génito-urinaire. Active l'énergie sexuelle en cas de frigidité ou d'impuissance. Contre les hémorroïdes et les prurits anaux
Actions psychologiques : en cas de grande vulnérabilité et la difficulté pour se protéger. Contre les grandes lassitudes psychologiques. Allié pour les personnes ayant été victime d'abus sexuel. Renforce l'ego (plexus solaire) des personnes introverties.
Spirituel : arrime à la terre lors d'étude intense sur le monde des énergies. Permet de développer les capacités psychiques sans perturbations émotionnelles. Idéal lors d'une retraite spirituelle pour connecter son âme à l'Essentiel.
Élixirs «synergie» : cristal de roche, tourmaline noire.

MODE D'EMPLOI DES ÉLIXIRS DE CRISTAUX

Les élixirs de cristaux n'ont aucune contre-indication et sont compatibles avec tout traitement.

Agitez l'élixir de cristal avant et après chaque utilisation. Ce procédé permet de redynamiser le principe actif.

La prise d'un élixir doit se faire en sublingual.

La prise des élixirs pour un problème énergétique : Cure de 21 jours (sauf le dimanche). 30 gouttes le soir tous les jours.

• Chocs émotionnels : prendre 30 gouttes toutes les heures, ensuite 30 gouttes le matin, le midi et le soir pendant 21 jours (cure d'émeraude)(sauf le dimanche).

• Pollutions électromagnétiques : prendre 30 gouttes à raison de 3 fois par jours pendant 3 jours, ensuite 30 gouttes le matin pendant 21 jours (cure de magnétite)(sauf le dimanche).

• Intoxications : prendre 30 gouttes le matin et le soir pendant 21 jours (cure de baryte)(sauf le dimanche).

• Expositions aux rayons X : prendre 1 semaine avant l'exposition, 30 gouttes le matin, le midi et le soir. Pendant l'exposition, 30 gouttes le matin, le midi et le soir. Après l'exposition, 30 gouttes le matin et le soir pendant 21 jours. (cure de zéolite)(sauf le dimanche).

La prise d'un élixir en cas d'urgence : prendre 30 gouttes d'élixirs toutes les 30 minutes. L'élixir d'émeraude et tourmaline verte sont très conseillés.
En application directe sur les méridiens et les chakras : 9 gouttes
En compresses : 30 gouttes, à renouveler tous les 4 heures.

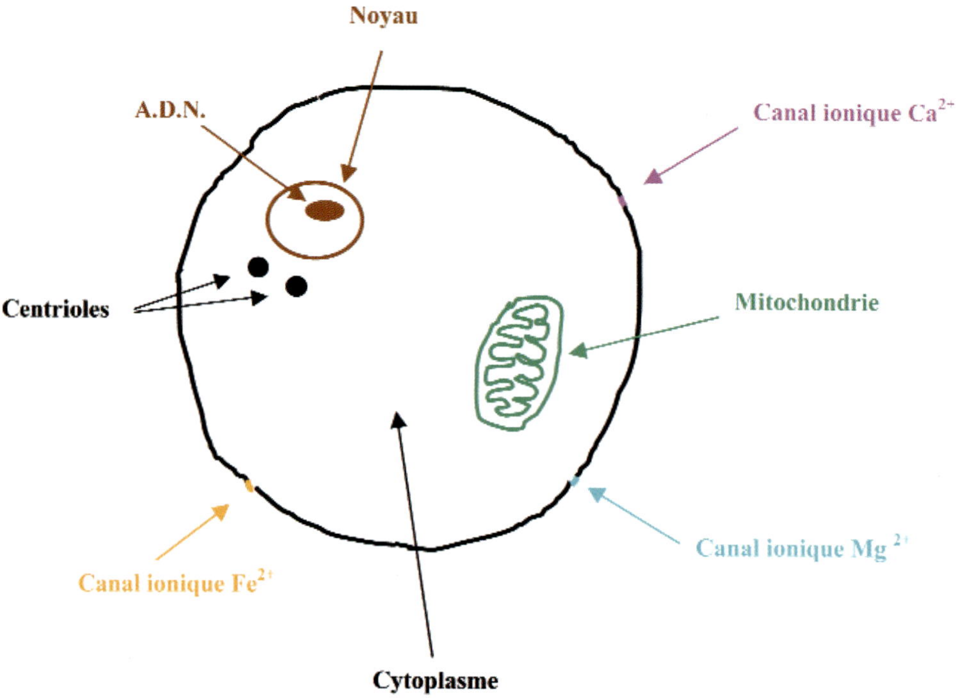

SCHÉMA D'UNE CELLULE *(voir page 39)*

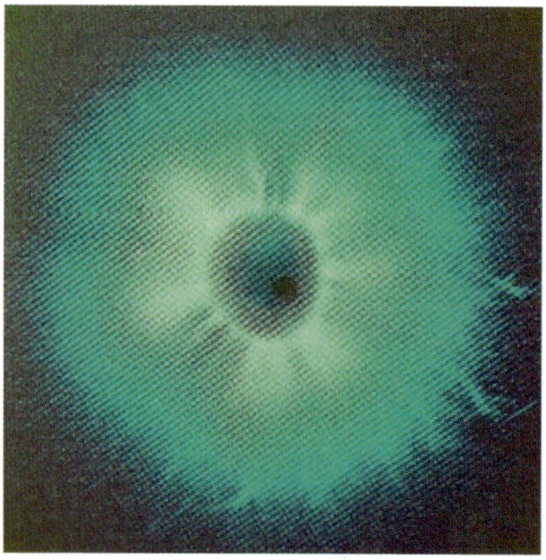

(voir page 62)

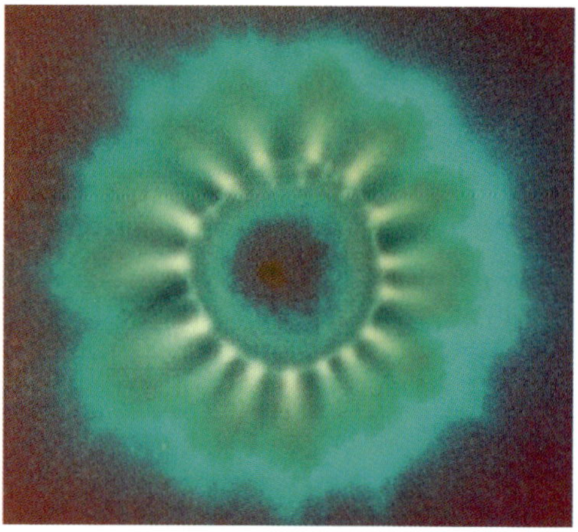

(voir page 62)

LES CHAKRAS

SAHASRARA CHAKRA
7e chakra,
chakra de la couronne,
chakra du sommet
Localisation physique
au sommet du crâne

AJNA CHAKRA
6e chakra,
chakra frontal,
chakra du 3e œil
Localisation physique
entre les deux sourcils

VISHUDDHA CHAKRA
5e chakra,
chakra de la gorge
Localisation physique
bas de la région de la gorge

ANAHATA CHAKRA
4e chakra,
chakra du cœur
Localisation physique
Se situe au centre de la poitrine,
entre les seins

MANIPURA CHAKRA
3e chakra,
chakra du plexus
solaire
Localisation physique
se situe entre le sternum et le nombril

SVADHISTHANA CHAKRA
2e chakra,
chakra sacré
Localisation physique
se situe un peu au dessous du nombril

MULHADARA CHAKRA
1er chakra,
chakra racine
Localisation physique
entre les organes génitaux et l'anus

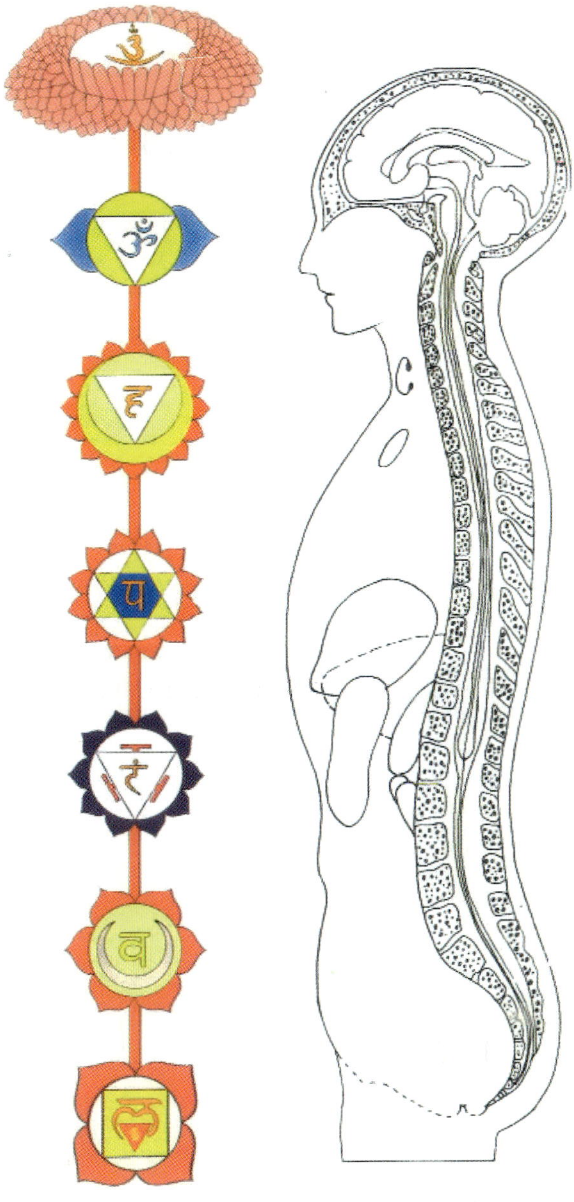

(voir page 104)

Bibliographie

Bhattacharya A.K., *Gems therapy* - Gyan Sagar Publications.
Beckman H., *Vibrational healing with gems* - Éditions Balaji.
Bergeret C., Tétau M., *Précis de lithothérapie déchélatrice* - Éditions Maloine.
Blanchard R., *La lithothérapie scientifique* - Éditions Presses du Midi.
Brelet-rueff C., *Les médecines sacrées* - Éditions Albin Michel.
Brown R., *Handbook of planetary gemology* - Éditions Mc Kinney.
Cayce E., *Auras* - Éditions A.R.E Press.
Coquet M., *Les chakras* - Éditions Dervy Livres.
Eid A., *Les minéraux et les fossiles en 1000 photos* - Éditions Solar.
Gottfrigo W., *Médecines des pierres* - Éditions Wighard.
Herbert J., *Spiritualité hindoue* - Éditions Albin Michel.
Hutin S., *La vie quotidienne des alchimistes au Moyen Age* - Éditions Hachette.
Johari H., *Chakras* - Librairie de Médicis.
Johari H., *The healing power of gemstones*, Éditions Ram.
Johnsen O., *L'encyclopédie des minéraux* - Éditions Delachaux et Niestlé.
Kunz G.-F., *The currious lore of precious stones* - Dover Publications.
Leprice A., *Les couleurs et les métaux qui guérissent* - Éditions Dangles.
Leadbeater C., *L'homme visible et invisible* - Éditions Adyar.
Lombsang Rampa T., *Les secrets de l'aura* - Éditions J'ai Lu.
Luu D.V et Luu C., *Connaissance de l'eau* - Imderplam.
Marié E., *Précis de médecine chinoise* - Éditions Dangles.
Odoul M., *Dis-moi où tu as mal, je te dirai pourquoi* - Éditions Albin Michel.
Saal B., *La force douce des oligo-éléments* - Éditions Robert Laffont.
Saha M., *Stellar healing* - Sagar Publications.
Séno A.-J., *B.A.-B.A. Lithothérapie* - Pardès.
Séno A.-J., *Manuel de Lithothérapie* - Pardès.
Séno A.-J., *Manuel de Géobiologie* - Pardès.
Shumam W., *Guide des pierres précieuses* - Éditions Delachaux et Niestlé.
Surany M., *Pour une médecine de l'âme* - Éditions Guy Trédanniel.
Tansley D., *L'Aura* - Éditions Albin Michel.
Tung J., *L'effet kirlian en acupuncture* - Éditions Guy Trédanniel.
Vir Tulli M., *Gem therapy* - Sagar Publications.
Winifred G., *L'aura humaine* - Éditions Mortagne.

Où se procurer les élixirs et les huiles de cristaux ?

Vous pouvez vous procurer les élixirs et les huiles de cristaux ANSIL :

• SARL ANSIL
459, chemin de la Coste de l'Évesque
30126 SAINT LAURENT DES ARBRES
Tél. : 04 66 79 05 34
Site : www.ansil.org

• Magasins biologiques, diététiques

• Dans certaines pharmacies

Pour en savoir plus

Stages :

- Thérapie avec les Élixirs et Huiles de Cristaux

Formations pour :

- Particuliers
- Thérapeutes

SARL ANSIL
459, chemin de la Coste de l'Évesque
30126 Saint Laurent des Arbres
Tél. : 04 66 79 05 34
Site à visiter : www.ansil.org

TABLE DES 25 ÉLIXIRS DE CRISTAUX

TABLE DES PATHOLOGIES

Imprimé en CEE
Maquette Philippe Aumonier
Dépôt légal 1er trimestre 2007